성찰하는 스포츠

국립중앙도서관출판도서목록(CIP)

성찰하는 스포츠 / 저자: 이학준. -- 서울 : 시간의물레, 2014
    p. ;   cm

ISBN   978-89-6511-088-0 93690 : ₩10000

체육학[體育學]

692-KDC5
796-DDC21   CIP2014005755

성찰하는 스포츠

이학준 지음

시간의 물레

머 리 말

현대 스포츠는 다양한 이론과 방법으로 연구되고 있다. 이제 스포츠는 체육학뿐만 아니라 사회학·경영학·신문방송학·경제학 등 인접학문에서 관심의 대상이 되었다. 스포츠연구는 자연과학적 연구와 인문사회학적 연구로 구분된다. 그중에서 스포츠 인문학연구는 비판과 성찰이라는 방법을 사용하여 '이해'를 궁극적인 목적으로 삼는다. 이 책은 비판과 성찰을 통해 스포츠 인문학연구에서 만나게 되는 문제들에 대하여 살펴본 결과물이다.

제1부는 스포츠의 성찰이다. 스포츠에서 만나는 주제에 대하여 성찰을 한 결과이다. 우리 문화에서 놀이정신이 사라져 가고 그 자리에 경쟁

정신이 대신하고 있는 문제에 대해 알아보았다. 또한 학문으로서의 스포츠윤리담론은 누구를 위한 담론인가에 대한 근본적인 자기 성찰을 시도해 보았다. 우리에게 필요한 스포츠교육은 무엇인가, 놀이로서의 삶과 삶으로서의 놀이는 가능한가, 체육에서 통섭은 체육학의 미래가 될 수 있는가에 대하여 성찰하였다.

제2부는 체육사의 성찰이다. 여기서는 그 동안 《한국체육사회보》에 발표한 글들로 구성하였다. 우선, 친일체육인은 없는가? 이 글은 친일인명사전에 빠져있는 체육인에 대한 문제를 제기한 글이다. 체육사연구는 진화하고 있는가에서는 현 체육사연구에 대한 자기 성찰을 통해 진단해 본 글이다. 체육사연구와 강박관념은 체육사연구에서 우리가 가지고 있는 연구방법론과 명확한 결과, 연구업적 등에 대하여 알아보았으며, 재미있는 체육사 수업방법과 체육사의 인문치료 가능성 및 체육사연구에서 잃어버린 것들에 대하여 성찰하였다.

제3부는 논문심사를 성찰한 글이다. 우선, 학문 후속세대의 반값 심사비는 경제적 비용과 학문의 독립성에서 비롯된다. 그리고 실제 논문이 투고되는 과정에서 만나게 되는 투명논문과 밀실논문의 차이를 알아보았다. 관점의 차이와 심사의 성찰은 심사 그 자체의 문제를 다루었다. 그리고 희망을 주는 심사와 절망을 주는 심사에 대하여 알아보았다.

인간은 태어나 성장하는 과정에서 세 번의 탄생을 경험한다는 말이 있다. 태어나면서 경험하는 육체적 탄생, 사춘기를 지나 이성적 자각을 통한 정신적 탄생, 그리고 직업의 소명의식에 대한 자각을 통한 영적 탄생이다. 이러한 과정에서 필요한 것은 성찰이다. 학문의 발달과정에서도 자기 성찰이 필요하다. 그만큼 성찰 없는 발달은 기대하기 어렵기 때문에 스포츠, 체육사, 논문심사에 대하여 성찰의 과정을 다루어 보았다. 지금보다 더 낳은 연구를 위한 자기 성찰은 중단 없이 지속되어야 할 것이다.

끝으로 출판의 기회를 주시며 격려하시는 권호순 대표님과 아름다운 편집과 교정을 해주신 편집부에게 감사드립니다. 그리고 한국스포츠인류학회 사무국장을 맡아주고, 이 책의 초고를 읽고 교정을 도와준 후배 남덕현 박사에게 고마움을 전합니다. 병과 싸우고 있는 딸 영주에게 힘내라고 말하고 싶습니다. 그 옆에서 헌신적인 간호를 하고 있는 아내에게 고맙고, 중학생이 된 아들 준이가 학교생활에 잘 적응하기를 바라면서 아빠의 사랑을 책 속에 담아봅니다.

2014년 입춘

이 학 준

차 례

제1부

□ 01장

놀이정신 혹은 경쟁정신

1

우리사회에 팽배한 의식은 빠름에 대한 지향
성이라고 할 수 있다. 빠름의 원인은 경쟁정신을
통해서 나타나는 의식작용에 바탕을 둔다. 너 나
할 것 없이 모두 빠르게 산다. 전화 통화 한번하
기조차 어렵다. 이 때문에 통화할 때에도 상대에
게 우선적으로 통화 가능한가를 묻게 된다. 모두
가 시간이 없다고 한다. 과연 시간이 없는 것인
가. 아니면 마음이 없는 것인가. 우리가 물리적
시간에 쫓기다 보니 마음이 없게 된다. 마음의

시간은 경쟁정신과 관계가 깊다. 경쟁정신이 우리 의식을 지배하고 있어서 마음의 여유가 없다. 그렇다면 왜 우리는 이러한 시간의 지배를 받게 되었을까.

2

시간의 지배를 받게 된 원인은 우리 의식이 경쟁정신으로부터 자유롭지 못하기 때문이다. 경쟁정신은 인간의 본성이라고 주장하는 이들이 생각보다 많다. 과연 경쟁정신이 인간의 본성인지 확인해보자. 아마존 원주민의 생활상에서도 경쟁보다는 협동을 통해서 생존을 유지하는 것을 볼 수 있다. 이러한 예에 대하여 반박하는 사람이 있을 것이다. 지금은 원시시대와 다른 문화를 가지고 있다고 말할 것이다. 지금도 경쟁보다는 협동을 통하여 더 큰 결과를 가져올 수 있는 일들이 우리 주변에 산재해 있다. 인간은 사회적 동물이기 때문에 경쟁보다는 협동이 더 필요하다.

그럼에도 불구하고 경쟁정신이 왜 우리시대의 지배정신이 되었을까.

경쟁정신은 인간의 본성이기보다는 산업사회 이후에 인위적인 시장경제에 의해서 조작된 의식이라고 할 수 있다. 사회 전체가 큰 시장이기 때문에 그 시장에서 무엇인가를 팔아야 생존할 수 있게 되었다. 이 때문에 인간은 살아남기 위하여 빠르게 생존정신에 길들여지고 우리 의식은 경쟁정신이 점유하게 되었다. 경쟁정신은 본성이 아니라 후천적으로 주입된 의식일 뿐이다. 경쟁정신은 경제발전을 위주로 한 국가발전과 기업의 이익을 위한 차원에서 강조되는 사항이다. 얼마나 빠른 시간 안에 얼마나 많은 것을 만들어서 얼마나 많은 돈을 벌어들일 것인가에 관심이 집중된다.

아르도 폴락은 '사회와 악'이라는 저서에서 경쟁체제는 누구나 성공을 추구하며 자신의 삶이 아닌 간접적인 삶을 살도록 강요한다는 것이다. 왜냐하면 경제와 소비에서 통용되는 기준이 모두 사물의 척도가 되어 누구도 더 이상 자신의 욕망에 따라 살 수 없게 되기 때문이다. 그 결과는 본원적 인간성의 상실, 죽음과 성에 대한 억압, 위선, 냉혹한 마음, 잔혹 행위에 대한 무감각, 전쟁찬미 등이다.[1]

이처럼 악은 개인적 성향보다 사회적 영향에서 더 크게 작용됨을 말해준다. 착한 마음의 상실은 한 개인의 선천적인 성격 때문이기보다는 후천적 환경 때문에 형성된다. 이러한 인간이 증가할 때 사회는 악의 범람을 직면하게 된다. 그 환경은 바로 거대시장화되고 있는 사회체제와 생존을 위한 무한 경쟁을 의미한다. 경쟁정신이 우리의 의식을 지배하기 때문에 상대를 경쟁자보다는 적으로 인식하고 행동한다. 놀이정신을 어디서도 찾아볼 수 없다. 경쟁정신의 지배로 인한 부작용 때문이다. 시장경제가 경쟁정신을 주입한다.

---

1) 이재황 역, 『선과 악(그 하나의 뿌리를 찾아서)』, 이끌리오, 2002.

성과주의에 의해서 연봉과 월급을 주는 것은 경쟁정신을 부추기는 기업의 노림수라고 할 수 있다. 물론 능력에 따라 연봉을 받는 것은 자본주의 속성이기 때문에 이것을 탓하려고 하는 것은 아니다. 이미 우리의 시스템은 자본주의 시장경제의 논리가 지배하기 때문에 효율성과 돈의 논리가 지배하는 것은 어쩔 수 없는 일이다. 경쟁정신은 생산력 증가라는 장점을 가지고 있지만, 개인의 특성과 창의성을 상실하게 하는 단점을 가지고 있다. 그런데도 사회는 경쟁정신만을 강조하면서 창의적 인간을 요구하고 있다. 창의적 인간은 놀이정신에서 형성되는 것인데 이것을 모르고 있는 것이다. 아이러니가 아닐 수 없다.

사회가 빠름을 지향하는 것은 모두 경쟁정신이 우리의 의식을 지배하기 때문에 나타나는 현상이다. 어떻게 우리는 경쟁정신을 가지고 살게 되었는가. 여러 가지 해석이 가능하지만 그중에서도 학교체육에서 그 원인을 찾아보자.

학교체육에서조차도 경쟁정신은 강조된다. 근대화 이후 잘살기 위해서는 남보다 빠르게 살아야 한다는 것을 학교에서 교육시켜 왔다. 그 주된 역할을 한 것이 학교체육이다. 학교체육의 목적은 전인완성이라는 원대한 것이지만 사실상 경쟁력을 부추기는 역할을 해왔다고 할 수 있다. 학교체육의 내용과 평가방법을 유심히 살펴보면 알 수 있다.

우리가 배우는 학교체육은 누가 빠른지, 누가 멀리 뛰는지, 누가 힘이 강한지에 주된 관심을 갖고 가르치고 평가해 왔다. 개인들의 체육 또는 스포츠 참가를 통해 얻게 되는 체험의 중요성에 대해 그 누구의 안중에도 없었다. 강자가 살아남는 시장경제에서 어떻게 보면 당연한 귀결이었다. 평가에서도 기록이 주가 되기 때문에 기록이 저조한 학생들은 학교체육 그 자체에 흥미를 잃고 만다. 그 흥미는 평생을 살면서 되살리기 쉽지 않다. 체육에서 멀어지게 하는 한 요인으로 작용하게 된다. 체육이 재미있으면서 하기 싫어지는 이유가 바로 여기에 있다. 이는 경쟁정신이 체육으로부터 멀어지게 한다는 사실을 확인하게 한다.

이런 의미에서 체육은 이 사회가 요구하는 인간을 가장 잘 교육시켜 왔던 분야라고 할 수 있다. 체육은 제도권 교육으로 학생들이 조직에 헌신하고 경쟁정신으로 무장하게 하는 의식을 형성하게 한 성격이 강하다. 물론 군대가 이런 사회적 재생산의 역할을 충실히 해왔다는 것은 사실이다. 체육 역시 군대의 역할을 재현했다고 할 수 있다. 경쟁력 있는 사람으로 경쟁정신을 학습했던 사람은 사회에서 그 경쟁정신을 발휘한다. 그 결과 사회는 냉혹한 마음을 가진 사람들이 많아지고 사회는 점점 냉각된다. 이제 사회가 변화하고 있다. 생산력은 경쟁력이 아니라 창의성에 찾고 있다. 아이디어가 곧 생산력이 되기 때문이다.

　우리시대가 요구하는 인간상은 창의적인 인간이다. 다문화와 다가치가 존재하는 세계에서 필요한 것은 경쟁적인 인간이 아니라 창의적인 인간이다. 창의적인 생각을 가진 이들에 의해 세상은 변화되고 있다. 변화는 과거와 기존 문화의 반복이나 답습이 아니라 새로운 생각을 가지고 시대가 요구하는 것들을 만들어야 하기 때문이다. 창의성 교육은 학교교육에서 중심 키워드가 된 지 오래다. 그만큼 강조하고 있지만 어떻게 창의성 교육을 시켜야 하는지 이론적으로 이해를 하지만, 현장에서 교육이 이루어지지 않고 있다. 그 이유는 무엇인가. 머리로는 이해하지만 행동하기는 어렵기 때문일 것이다.

　예를 들어 매일 올림픽이나 세계대회의 경기에 참여해야 하는 운동선수들의 의식을 생각해보자. 매일 얼마나 힘든 시간일까? 긴장과 이겨야 한다는 생각이 지배하기 때문에 부담의 연속일 것이다. 하지만 운동선수가 아니라 생활체육을 즐기는 사람이라고 생각한다면 매일이 경기가 아니라 즐거운 놀이로 생각될 수 있을 것이다. 그렇다면 경기결과에 지배받지 않기 때문에 부담에서 자유로울 수 있다. 거기에서 즐거운 삶이 보장되는 것이다. 경쟁정신은 사람들을 닦달하여 정신을 없게 한다.

개인의 좋은 삶을 위해서는 운동선수가 아니라 놀이꾼이 더 부합되는 것인지 모른다. 이런 차원에서 우리사회는 경쟁정신이 아니라 놀이정신이 더 요구되는 것이다. 경제적 풍요이기보다는 문화적 풍요가 개인의 복지에 더 절실히 필요한 것처럼 말이다. 문화적 풍요는 인간 개개인의 창의적인 생각에서 생겨날 수 있다. 창의적 생각은 놀이에서 생성된다. 놀이는 생활의 활력과 좋은 삶 그 자체를 생성하게 한다. 모든 일이 놀이가 될 수 있는 것은 놀이정신의 실현에서 찾을 수 있다. 놀이정신이 상실된 문화 활동은 재미없는 생존을 위한 활동 정도에 지나지 않는다. 일상의 모든 활동은 놀이정신을 가지고 있기 때문에 그것을 잘 활용하면 된다.

자신이 하는 일이 생존을 위한 일이 아니라 놀이로서 즐겁게 할 수 있다면 그보다 좋은 일은 없다. 놀이를 싫어하는 사람은 없다. 방법과 형태는 다르지만 놀이의 연장선으로 우리의 삶을 해석할 수 있다. 어릴 적의 놀이와 다른 것은 그 외형적인 것이지 내용은 별반 다르지 않다. 그만큼 놀이는 일상의 삶과 밀접한 관련성을 가진다. 이 말은 일이나 직업에서 개인이 갖고 있는 놀이정신을 발동해서 창의적인 일들을 시작하자는 말이다. 경쟁정신은 빠름만을 강조하고 경쟁적 인간을 지향하기 때문에 인간의 삶을 황폐화시킬 수 있다. 왜냐하면 사람들이 계속 생산력 경기에 출전해야 하기 때문이다. 하지만 놀이정신은 경기에 참가하지 않고 그냥 즐기면 된다. 우리 사회에서 놀이꾼들이 놀이정신을 많이 발휘할 수 있다면 창의적인 문화를 만들어 갈 수 있을 것이다.

이 일은 국가나 민족을 강조하는 체육보다는 개인의 삶을 중시하는 생활 체육으로의 변화에서 시작될 수 있다. 경쟁정신을 강화하는 체육에서 놀이정신을 강조하는 체육으로의 변화를 기대하는 이유도 여기에 있다. 학생에게 경쟁정신을 강조하는 교육은 식민지체육의 연장선에서 이해할 수 있다. 왜냐하면 체육이 자율적인 신체보다는 국가에 순종하는 신체를 강요하는 데 앞장섰기 때문이다. 개인보다는 국가를 우선하는 체제중심이었기 때문에 체육도 경쟁정신을 강화하였다는 것을 부인하지 못할 것이다. 시대는 변화하고 있다. 국가나 사회가 필요한 인력을 재생산하는 것보다 개인의 좋은 삶을 위한 교육이 더 필요하다. 놀이정신의 교육이 체육에 더 요구되는 것이 국가나 사회 이상으로 개인의 삶에 소중하기 때문이다.

3

우리에게 필요한 것은 생존을 위해서 욕구를 억제하고 마지못해서 일하는 삶이 아니라 놀이처럼 즐겁게 일하는 것이다. 국가나 사회의 발전을 위해 개인의 삶을 희생하는 것보다 개인의 즐거운 삶이 더 필요하다. 그렇기 때문에 체육에서 놀이정신을 부각하는 인간교육이 요구되는 것이다. 기존의 체력이나 승패, 기록 위주의 체육은 경쟁정신을 강화하고 국가나 사회가 요구하는 인간을 충실하게 재생산하는 역할을 해왔을 뿐이다. 이 때문에 놀이정신을 잃어가는 것에 부분적으로 기여하였다. 체육은 놀이정신을 교육하는데 최적의 교과목이라는 장점이 있음에도 불구하고 역설적이게 놀이정신을 상실하게 하는 데 더 앞장선 모습을 보여 왔다. 상실된 놀이정신의 회복이 필요한 이유는 개인의 좋은 삶을 위함이다.

놀이정신의 강화는 일상의 삶에서 일이 놀이가
될 수 있도록 하는 것이다. 놀이처럼 일하는 것
은 개인의 의식이 놀이정신으로 지배하게 될 때
가능하며, 그 바탕 위에서 창의적인 일들이 생겨
난다.

<한국체육사학회보, 제11호, 2006. 3.>

02장

놀이로서의 삶,
삶으로서의 놀이

이 글의 목표는 놀이로서의 삶과 삶으로서의 놀이이다. 이를 위해서 장자철학에 의존하였다. 천상병(1984)은 우리의 삶을 소풍놀이에 비유한 바 있다. 삶이 소풍놀이가 될 때 행복은 가까이 다가온다. 만약 인간이 추구하는 행복을 놀이에서 찾을 수 있다면 또는 삶이 놀이가 될 수 있다면, 그것보다 더 행복한 삶은 없을 것이다. 장자는 아이들의 순진무구한 놀이에서 행복을 발견하였다. 이런 맥락에서 김성환(2013)은 자유와 놀이의 철학자로 장자를 규정하며, 놀이로서의 삶을 강조하였다.

놀이를 할 때 아이들은 모든 외물에서 벗어나 놀이와 자신이 하나가 되어, 오상아(吾喪我 : 나(我)의 완성, 인격(人格)의 완성을 넘어 나(我)를 초월하는 길)의 경지에 진입하게 된다. 놀이와 놀고 있는 아이가 하나가 될 때 자유로운 상태에 빠지게 된다. 이 점에서 행복은 성취할 수 있는 것이 아니라 행위 자체에 빠져들어 가는 상태라고 할 수 있다. 우리가 불행한 것은 행위 자체에 집중하지 못하기 때문이다. 행위 그 자체에 빠져들어 자신과 행위가 하나가 될 수 있다면 행복한 삶은 가능하다.

우리가 하고 있는 스포츠 역시 기록·승리·결과에 집착하기보다는 그 자체에 빠져들 수 있다면 행복할 수 있다. 하지만 현실은 전제들을 무시할 수는 없다. 왜냐하면 그것들을 떠나서 스포츠를 말할 수 없기 때문이다.

그렇다면 장자가 말하는 놀이로서의 삶은 현실에서 실현 불가능한 이야기에 지나지 않는 것인가? 아니다. 실현 가능한 것도 있다. 놀이로서 삶의 실현 가능성은 기록·승리·결과의 집착에서 벗어나 스포츠 그 자체에 몰입할 수 있다면 가능하다. 너무 외물에 집착하면 마음이 흔들려 얻으려고 하는 것을 잃을 수가 있다. 반면에 얻고자 하는 것을 초월하여 행위에 집중할 수 있다면 그 결과는 좋을 수 있다.

우리의 삶이나 전문선수의 스포츠가 놀이로서의 삶이 될 수 있다면 그 선물로 행복을 얻을 수 있을 것이다. 단지 외물(外物)의 유혹에 빠져서 기록과 승리, 결과에 집착하다 보면 행복은 점점 멀리 달아나게 된다. 명예·부·권력을 얻기 위하여 스포츠를 하는 것이 아니라 스포츠 그 자체를 즐길 수 있다면 생각보다 더 좋은 결과를 얻을 수 있다. 기록·승리·결과에 대한 집착에서 벗어나 자유롭고 황홀한 무아지경의 상태에 빠질 수 있어야 한다. 왜냐하면 집착하면 할수록 성과를 내기 위하여 자기착취에 빠져서 피로한 상태에 도달하기 때문이다. 그 결과 우울한 상태에 빠지게 되고 스포츠는 더 이상 즐거운 놀이가 아니라 해야만 하는 '일'이 되고 만다.

삶이 놀이가 되고, 놀이가 삶이 될 수 있다면 행복은 실현가능하다. 이러한 행복을 소유하려고 하기 때문에 행복을 얻을 수가 없게 된다. 행복은 소유가 아니라 우리의 삶의 태도, 놀이의 태도에 의하여 주어지는 것이다. 자본주의에서 돈이 보편적 가치로 지배하고 있지만, '행복'은 상품이 아니기 때문에 돈으로 더 이상 구매하려는 생각을 갖지 말아야 한다. 구매하려고 하면 할수록 영원히 얻을 수 없게 된다. 우리의 삶이 결과라는 성과에 집착하다 보면 삶이 재미없고, 지루하고, 피로하고 우울해질 수 있다. 이 문제에 대하여 2300년 전 장자가 '잊고—즐김'을 강조한 것을 귀담아들어야 한다. 현실에서 우리가 하는 행위 그 자체에 빠져들 수 있다면, 삶이 놀이가 되고, 놀이가 삶이 되는 행복은 나도 모르게 서서히 내 앞에 가까이 있을 것이다.

<제51회 한국체육학회 학술대회, 2013. 10.>

03장

자녀와 잘 놀 수 있을까

Q: 통계에 따르면 우리나라 40~50대 남성의 동호회 활동 참여 경험이 현저히 낮은 것으로 조사됐는데요. 특히 중년 남성의 경우 딱히 취미랄 게 없는 분들이 대부분입니다. 이런 현상의 원인이 무엇인지 진단해주신다면?

A: 40~50대 남성들은 다른 사람과 어울려 잘 놀아보지 못했고 어떻게 놀아야 잘 노는 것인지 배우지 못했기 때문입니다. 오직 출세를 위해서 공부만을 하였고 술이 없으면 잘 놀지 못하는 결과를 가져왔습니다. 사회 전체가 과잉경쟁으로

우리 의식을 경쟁정신이 지배하고 놀이정신보다
는 공부만을 강요한 결과라고 할 수 있습니다.
우리에게 필요한 것은 놀아나지 않고 잘 노는
것입니다. 잘 놀지 못하니까 상업화된 놀이에 빠
져들게 됩니다.

Q: 주5일 수업 실시 이후 학생들의 여가시간
은 늘어났지만 정작 부모와 함께하는 시간은 큰
변화가 없다고 합니다. 특히 주말생활에 변화가
없다고 응답한 학부모 중 남성 비율이 여성에
비해 더 높습니다. 이에 대한 의견이나 바람직한
방향 제안을 해 주신다면?

A: 가족과 함께하는 여가활동 경험이 부족하
고 익숙하지 않은 결과라고 생각합니다. 휴일은
아빠들이 '가족을 위해 봉사하는 시간'이라는 의
식이 형성되었으면 합니다. 그래서 가족과 함께
할 수 있는 여가활동을 점차적으로 늘려가면서
함께 공유하는 관심(취심)이 있다면, 가족 간의 대

화가 자연스럽게 이어지고 한가족이라는 공동체 의식과 가족애로 연결될 수 있을 것입니다. 중요한 것은 가장(아버지)이 개인적 만족을 위한 여가보다는 가족의 행복을 위한 여가활동으로 변화를 추구하는 일이라고 생각합니다.

Q: 부모가 자녀와 함께하는 생활스포츠, 악기연주 등 여가 취미활동의 장점에 대해 말씀해주신다면?

A: 가족이 서로에 대한 관심과 배려, 상호존중을 가질 수 있다는 것입니다. 자연스럽게 친해지는 지름길이기도 합니다. 공동의 목표를 세우고 그것은 달성하기 위해 땀을 흘리면서 함께 체험을 공유할 수 있다는 것이 커다란 장점입니다. 머리로 이해하기보다는 몸으로 체험하면서 배우는 것들이 오랫동안 가족들과 함께 기억될 수 있습니다.

Q: 취미라는 걸 따로 모르고 살던 40~50대 중년 아빠들이 자녀와 취미를 함께 시작하자니 어색하고 어렵다는 얘기들을 많이 합니다. 이런 부분을 해소할 수 있는 팁을 알려 주신다면?

A: 아빠들이 자녀들의 눈높이에 맞춰 공동 취미활동을 한다면 문제는 자연히 해결된다고 생각합니다. 사회적 체면, 자신의 나이, 타자의 시선과 평가에서 자유롭게 됩니다. 자녀들과 함께하는 취미 생활에 몰입할 수 있다면 자녀를 위해서 놀아주는 것이 아니라, 놀이 속에서 나이를 떠나 한 인간으로서 기쁨과 행복을 얻을 수 있을 것입니다.

Q: 사춘기 자녀와의 관계회복을 위해 부모가 노력해야 할 부분은 무엇인지 철학 교수님의 입장에서 조언 부탁드려요.

A: 만약 산다는 것을 소풍놀이라고 생각한다면, 어떻게 하면 소풍놀이를 재미있게 할 수 있

는가에 대하여 생각하게 됩니다. 우리 인생 전체를 봐야 합니다. 우리가 잘 놀지 못하는 것은 등수, 점수, 최고에 대하여 지나치게 집착하기 때문입니다. 집착하면 할수록 아이와 부모 모두 스트레스를 받고, 짜증만 나게 됩니다. 관점을 전환해서 일단 등수, 점수에 대한 집착에서 벗어나 공부가 놀이가 될 수 있게 한다면 모든 문제는 해결될 수 있습니다. 공부가 놀이가 되면 성적은 자연히 보너스로 따라오는 것입니다. 말로는 쉽지만 실천이 어렵다고 생각할 수 있습니다. 일단 공부에서 재미를 느끼고 온라인 게임보다 더 재미있게 빠져들게 하는 것입니다. 그 하나의 방법으로 하고 싶은 공부를 하도록 하는 것입니다. 그러면 책상에 앉아 있는 시간이 늘고 집중력이 생겨서 자연스럽게 공부를 하게 될 것입니다.

Q: 그밖에 우리나라 40~50대 가장이 자녀와 함께 취미생활과 여가시간을 공유하는 것에 관한

의견이 있으시다면 자유롭게 말씀 부탁드립니다.

A: 자녀들과 '놀아주는 것이 아니라 함께 논다'는 의식이 중요합니다. 인간은 '놀이하는 존재'로서 놀이에서 기쁨과 행복을 얻을 수 있습니다. 자녀와 함께 취미생활과 여가시간을 공유하면 할수록 서로에 대한 관심과 이해, 사랑이 싹틀 수 있다고 생각합니다. 자녀와 함께 잘 놀 수 있는 가장이 좋은 가장이라고 할 수 있습니다.

Q: 최근 집필하신 저서 『스포츠 삶을 바꾸다』에 관해서도 간략한 소개 부탁드립니다.

A: 그동안 스포츠는 경제, 정치, 군사, 문화에 이용되어 왔다면. 이제는 스포츠가 삶을 바꿀 때라고 생각합니다. 스포츠에서 배울 수 있는 것들 중 하나가 페어플레이 정신입니다. 사회에서 '공정한 게임'이 행해진다면, 우리사회는 공정한 사회가 될 수 있을 것입니다. 또한 스포츠는 단순히 오락이고 볼거리를 넘어서 '삶의 교과서'라고

생각합니다. 그만큼 배울 것이 많이 있습니다. 좋은 삶과 다양한 삶의 모습들을 스포츠와 관련하여 소개하고 있습니다. 우리가 어떤 삶을 살 것인가? 고민하고 있다면, 스포츠를 관전하는 것처럼 책 속에서 고민의 해답을 발견해 보면 좋을 것 같습니다.

04장

우리에게 필요한 스포츠교육이란

1

　오늘날 우리에게 스포츠란 무엇일까? 정치 수단이 되어버린 조작된 스포츠와 합법화된 스포츠 도박인 경마·경륜·경정 등에 스포츠 토토까지 가세하여 스포츠 도박공화국이 되어버린다. 지금, 우승열패와 승자독식 사회를 잘 보여주는 엘리트 스포츠는 그 어디에도 없다. 인간은 없고 인간성의 상실만이 있을 뿐이다.

　교육적 가치를 주목하던 스포츠는 이제 하나의 볼거리와 소비상품으로 경제적 가치를 추구하

고 이용되고 있다. 스포츠역사를 살펴보면, 스포
츠는 정치에 이용되어 왔고, 지금은 경제에 이용
되고 있다. 이러한 특징은 바로 스포츠가 가치중
립적이라는 특성 때문이다. 그동안 스포츠는 이
용되어 왔기에 이제 역으로 스포츠로 세상을 개혁
할 때가 왔다고 생각한다. 세상을 개혁하기 위해
서 스포츠교육 그 자체의 개혁이 필요하다. 스포
츠교육의 개혁 과제는 몸 닦기로서의 인성교육,
지미지락(至美至樂)의 체험교육, 페어플레이의 실
천교육 등이다. 관련내용을 구체적으로 알아보자.

2

첫째, 몸 닦기의 인성교육이다. 스포츠교육은
몸으로 배우는 공부이다. 그 공부는 몸을 몰아세
워서 무엇인가를 빼어내 닦달하는 공부가 아니
다. 몸을 닦달하는 것은 체벌을 빙자한 폭력·도
핑·과도한 훈련 등이다. 몸을 닦달하면 할수록
기록이나 승리를 얻을 수는 있지만, 선수의 인격

이 상실될 수 있다. 선수를 잃고 승리를 얻으면 그것은 무의미한 승리이다. 인간이 100미터를 아무리 빨리 달려도 치타보다 빠르게 달릴 수 없다. 하지만 인간이 치타보다 우수한 것은 그냥 달리기만 하는 것이 아니라 달리기에서 의미와 보람을 찾는다는 점이다.

우리에게 필요한 스포츠교육은 몸을 닦는 공부이다. 몸을 닦는 것은 몸과 마음으로 공부하는 인성교육을 의미한다. 모든 것이 숫자로 평가되고 지배하는 현실에서 우리에게 필요한 것은 인간성의 함양이다. 그것은 수단과 방법을 가리지 않는 추악한 승리보다는 공정한 게임으로 최선을 다하는 아름다운 패배가 더 소중하다는 것을 몸으로 배워 얻을 수 있다. 그러므로 스포츠에서 배려와 존중, 도전과 성취, 무한한 감동, 공동체 정신, 동료애 등의 가치를 체험할 수 있는 인성교육이 절실하게 요구된다.

둘째, 지미지각(至美至樂)의 체험교육이다. '더 빨리, 더 높이, 더 힘차게'는 올림픽 게임의 모토이다. 이 모토 속에서 현대스포츠는 승리지상주의, 결과지상주의, 도핑, 선수의 비인간화와 도구화라는 문제를 낳았다.

신자유주의 논리에 따라 유용성만을 강조하는 과정에서는 결과에 의해서 모든 것이 평가되고 합리화되어 버린다. 그 결과 추악한 승리가 만연한 엘리트 스포츠가 되었다. 유아독존식의 사고가 팽배한 운동선수들, 선수를 하나의 상품으로만 보고 어디에 팔 것인가에만 관심을 가진 지도자들이 출현하게 된 것이다.

지금 우리에게 필요한 것은 기록·승리·결과만을 강조하는 강박관념에서 벗어나 자유롭고 기분 좋은 신체활동으로서의 스포츠이다. 신체활동 스포츠는 우리를 감금장치 기능에서 벗어나 창조적인 놀이정신이 발현할 수 있게 한다. 이러한 놀이정신이 발현되기 위해서 우리에게 필요한 것은 지미지락의 스포츠이다. 지미지락(至美至樂)이라는 말은 장자에 나오는 말로서 '지극히 아름답고, 지극히 즐거움'을 뜻한다. 더 아름답고, 더 즐거운 스포츠로 변화를 추구하는 것이 우리가 스포츠를 구하는 일이다.

어떻게 보면, 스포츠는 인간이 만든 제도적 산물이다. 시대의 맥락에 따라서 스포츠는 다양하게 인간에 의해서 행해진 목적지향의 행위였다. 인간은 삶이 너무 뻔하고 안정되어, 재미없고 무미건조한 일상에서 즐겁게 생활하기 위해서 스포츠를 만든 것이다. 그런데 현실은 스포츠가 인간을 위해 존재해야 함에도 불구하고 인간이 스포츠를 위해 존재하는 형국으로 변하고 있다. 스포츠는 일종의 감금장치로 인간을 구속한다. '더 빨리, 더 높이, 더 힘차게'라는 구호로 몸을 닦달하며 무엇인가 생산하라고 강요하고 있다. 그 속에서 우리는 자유롭고 기분 좋은 신체활동을 잃어가고 있다. 만약 스포츠가 기분 좋은 신체활동이 될 수 없다면 그것은 이미 스포츠가 아니라 노동의 연속이다. 그렇게 되면 스포츠를 만든 근본 이유는 상실하게 된다. 스포츠는 자유롭고 기분 좋은 신체활동이 되기 위해서 스포츠에 작동하는 외부적 강압장치들을 제거하고 인간을 위한 스포츠로 전환해야 한다. 인간을 소외시키고, 인간을 도구화하지 않는 스포츠는 상생·의미·감동·과정중심의 스포츠이다. 이것이 바로 인간의 얼굴을 한 스포츠라고 할 수 있다.

셋째, 페어플레이의 실천교육이다. 스포츠정신은 페어플레이로 표현된다. 페어플레이는 공정한 게임을 말한다. 공정한 게임은 특권과 반칙이 지배하는 우리사회에 필요하다. 정부가 공정사회를 외치고 있지만 먼 곳에서 찾기보다는 스포츠교육 안에서 체험하고 배울 수 있다. 스포츠교육만 잘하면 우리사회는 공정한 사회로 진입할 수 있을 것이다.

스포츠교육에서 타자를 존중하고 배려하는 인성교육과 상생을 위한 공정한 게임의 가치를 사회에 전이시킬 수 있다면, 우리사회 전체가 공정한 사회가 될 수 있을 것이다. 그러기 위해서 한국 스포츠교육은 공정한 게임에 대한 교육을 강화해야 한다.

지금처럼 기능주의 스포츠, 기록과 승리, 결과만을 가르치는 스포츠교육이 아니라, 상생·의미·감동·과정의 가치를 강조하고 페어플레이 정신과 인성교육을 배울 수 있는 교육의 장소로서 역할을 다해야 한다. 스포츠교육을 제대로 배우는 것은 페어플레이 정신을 머리가 아니라 몸으로 배워 체질화하여 사회에서 실천하는 데 있다. 또한 추악한 승리가 사라지고, 패자는 승복하고 승자를 축하하고 존중하는 사회가 될 수 있다면, 그동안 우리사회의 갈등을 해결하고 건강하고 공정한 사회, 살맛나는 사회가 될 수 있을 것이다.

결국, 작금의 한국 엘리트스포츠의 문제는 스포츠교육의 문제이다. 스포츠교육 그 자체의 문제이기보다는 사회의 문제라고 할 수 있다. 그렇다고 스포츠교육의 문제를 전적으로 사회의 문제로 사회를 탓할 수는 없다. 사회의 축소판인 스포츠를 통해 우리 자신을 우선 반성할 수 있어야 한다. 또한 스포츠는 자기비판과 성찰을 통해서 스포츠정신을 회복해야 한다.

스포츠에서 가장 중요한 것은 인간성의 실현이다. 스포츠에서 인간을 소외시키거나 도구화하고 인간성 상실을 가져오는 모든 행위는 제거되어야 한다. 눈앞에 이익을 위하여 스포츠를 스포츠답게 하는 정신을 상실해서는 안 된다. 스포츠는 자신감을 고취하거나, 도전과 성취, 자기극복, 동료애, 공동체형성, 기분 좋은 신체활동 등 고유한 가치를 지켜나갈 때 지속적인 성장이 가능하다.

또한 수단과 방법을 가리지 않는 추악한 승리 (승리지상주의)보다는 아름다운 패배에 대한 교육이 절실히 요구된다. 스포츠를 스포츠답게 하는 것은 규칙준수와 페어플레이, 선수들의 도덕성이다. 규칙을 무시하는 행위는 유치한 동물들의 싸움 이상이 되지 못하다. 고등동물로서 인간이 다른 동물들과 다른 점은 규칙을 지키고 공정한 게임을 통해서 승리를 성취하는 것과 패배를 인정하고 승자를 축하하고 패자를 격려하는 태도에 있다.

<중앙대, 대학원신문, 제291호, 2012. 6.>

05장

누구를 위한 스포츠윤리 담론인가

"엘리트 체육계에서는 도덕? 윤리? 이런 것 없
어요······. 지면 인간 취급 안하죠, 지면 아웃
입니다." (어느 농구감독의 말)

현장의 목소리를 외면한 우리의 스포츠윤리
담론은 계몽과 훈시와 같은 내용이 전부였다. 연
구자들은 도덕적으로 우위에 있다고 착각하여 아
래에 있는 너희들은(감독, 코치, 선수) 왜 도덕적으
로 경기를 하지 않느냐고 요구하고 질타하였다.
현실은 그게 아닌데, 경기에서 지면 한 달 150만
원 받는 코치는 해임되고 이겨야 산다는 말이
이들을 지배하는데, 이들에게 어떻게 페어플레이
하라고 말할 수 있을까?

'스포츠윤리 담론의 한계와 과제에 대한 고찰'
은 다음 질문들로 시작한다. "스포츠윤리학은 밤
하늘의 별처럼 숭고한 것일까? 스포츠윤리학 담
론은 과연 철학적인가?" 그동안의 스포츠윤리 담
론은 자기성찰이 부족했고, 스포츠철학이라고 할
수 없을 정도로 비판적 반성과 논의를 담지 못
했다.

김정효(2013)의 '스포츠윤리 담론의 한계와 과
제에 대한 고찰'의 내용은 간단명료하다. 우선,
스포츠윤리 담론의 한계를 분석하고 과제를 제안
하였다.

스포츠윤리 담론의 한계로 첫째, 학문으로서의
스포츠윤리이다. "그동안 스포츠윤리 담론은 깊
이 있는 윤리적 원리를 바탕으로 논의되지 못했
기 때문에 학문적 빈곤과 현실 적용의 동력을
잃게 만드는 공허한 말의 성찬에 지나지 않았다"
고 지적하면서 학문적 기반이 없는 윤리학적 담
론이 공허한 이유를 밝히고 있다. 둘째, 실천윤

리로서의 스포츠윤리이다. "그동안 스포츠윤리는 실천윤리와 도덕적 참여의 혼동으로 더 정밀하고 비판적인 도덕의 조건을 찾아내지 못했다"고 지적하면서 도덕의 조건으로 공정의 조건과 승리의 조건을 예를 들고 있다. 이와 같은 한계에 대한 지적에 필자는 전적으로 공감한다.

김정효가 제안한 과제는 의지의 교육, 목표의 설정, 보편적 도덕법칙 등이다. 이 세 가지 과제는 또 다른 스포츠윤리 담론의 한계가 아닌가 하는 의문을 품게 된다.

첫째, 의지의 교육이다. 의지의 교육은 스포츠윤리교육에서 할 수 있는 부분이 아니라고 생각한다. 스포츠교육이 행위판단에 영향을 미칠 수는 있지만 개인의 의지력을 교육하기에는 한계가 있는 것이 아닐까? 교육을 통하여 인식개선을 할 수 있지만 실천적 의미는 너무나 개인적인 문제이다.

둘째, 목표의 설정이다. 제안한 목표는 '인간성의 정립'이다. 인간성의 정립은 목적에 해당하고 '자기 이익으로써 승리와 도덕의 조화'를 목표로 제시하는 것이 더 구체적이며 현실적이지 않을까? 모든 교육은 목적과 목표를 구분하고 목적은 인간성(사람다움, 사람됨) 실현에서 찾고 있다. 그 목적을 구체적으로 실행하는 방식이 목표이다.

셋째, 보편적 도덕법칙을 마련하기 위하여 윤리학에 대한 깊이 있고 정치한 탐구가 필요하다고 말하며, 역량이 부족하기에 스포츠윤리학 텍스트를 만들어 내지 못하고 있다고 지적한다. 문제는 스포츠윤리라는 상황을 반영한 보편보다는 특수한 도덕법칙이 마련되어야 하지 않을까? 그동안 우리는 얼마나 스포츠철학적인 논문을 써왔는가? "담론의 내용이 항상 스포츠윤리학의 보편적 물음에 타당하도록 서술하라"고 답한다. 철학한다고 말하지만 흉내 내기를 하면서 우리의 직업적 안정을 가져오지 않았나 하는 생각을 하게 된다. 우리가 보지 못하는 학문적 부족을 지적하고 "학문적 긴장과 완성도에 대한 반성과 재촉"을 하게 되었다.

<한국체육철학회, 동계학술대회 논평. 2012. 11.>

06장

통섭은 체육학의 미래이다

최근에 윌슨의 "통섭"이라는 책이 번역되어 나오면서 학문의 경계를 넘어 새로운 이론을 창출하는 개념으로 학문적 유행어가 되었다. 통섭은 '서로 다른 요소 또는 이론들이 한데 모여 새로운 단위로 거듭남'이라고 학자들은 합의를 하고 있다. 유사한 용어로 '통합'이 있다. 이 개념은 '모두 합쳐서 하나로 모음. 또는 둘 이상의 것을 하나로 모아서 다스림'이라는 뜻으로 통일 또는 응집의 의미를 지닌다(최재천, 2007).

이미 체육학은 통섭이라는 개념을 요구하는

상황에 직면해 있는지 모른다. 체육학 내의 인문
사회과학계열과 자연과학계열의 대립과 분화, 그
리고 단절의 현상은 통섭을 요구하는 절실한 상
황이라고 볼 수 있다. 통섭을 빼놓고는 어떠한
개념으로도 현재 체육학의 분화현상을 해석하고
처방할 수 없을 것으로 보인다. 그러므로 통섭이
라는 개념이 체육학의 미래를 전망하는 데 어떠
한 시사점을 줄 수 있는지 숙고할 필요가 있다.

특히 체육학 분야의 세분화와 전문화가 진행
되어서 분과 학문 간의 소통이 어려워졌다. 어떻
게 보면 이러한 현상은 학문의 성장을 의미한다
고 할 수 있다. 하지만 학문의 세분화 양상으로
영역 사이의 거리가 점점 넓어지고 있다. 이 때
문에 체육학의 위기라고 할 수 있다. 체육학의
대표적인 한국체육학회의 분과학회만 봐도 15개
학회가 구성되어 있다. 이들 분과 학회들은 한국
체육학회 학술행사 규모와 비슷하게 학술대회를
하고 있으며 학회지를 매년 4회 이상을 발행하

고 있다. 어떻게 보면 긍정적인 입장에서 학회와
학문의 발전을 생각할 수 있다. 하지만 비판적이
고 성찰적인 입장에서 하위분과별 간의 소통이
이루어지고 있는가를 보아야 한다. 이러한 체육
학의 한계를 넘어설 수 있는 대안을 통섭이라고
한다면 통섭을 실현하는 데 걸림돌이 무엇인지에
대하여 살펴볼 필요가 있다. 왜냐하면 걸림돌을
확인하고 이를 어떻게 개선할 것인가에 대하여
관심을 가져야 하기 때문이다.

체육의 현재, 통섭의 걸림돌을 만나다

통섭은 단순한 병렬적 수준의 통합이나 융합
을 넘어 새로운 이론 체계를 찾으려는 노력이다
(최재천, 2007). 단순한 통합이 아니라 새로운 이론
과 새로운 지식을 창출할 때 학문 간의 통합을
넘어서 통섭의 의미를 가진다. 예를 들어 스포츠
사회심리학이라는 학문의 창출은 형식상으로 학
제적 연구 내지 새로운 학문으로 부를 수 있지

만, 문제는 형식이라는 명칭이 중요한 것이 아니라 내용이 중요하다. 스포츠사회학과 스포츠심리학이 단순히 만나서 서로 간의 이론과 선행연구만을 통합하여 정체성을 모호하게 만드는 것이 아니라, 새로운 지식 패러다임과 이론을 만들어 낼 수 있을 때 통섭의 차원으로 명명할 수 있다. 앞의 예는 한 가지 예에 불과하고 과연 체육학의 미래 혹은 지속성장의 길, 통섭으로 가는 길에 대하여 찾아보자. 우선 체육학적 통섭의 걸림돌로 건강의 환상, 소통의 부재, 통합의 현실 등 세 가지로 나누어 보았다.

1. 걸림돌 하나: 건강의 환상

체육은 건강한가? 일반적으로 우리가 알고 있기에 체육은 만병통치약이라고 생각하고 체육과 건강은 아주 친밀한 관계라고 알고 있다. 체육의 겉모습은 건강한 모습이다. 하지만 내면을 살펴볼 필요가 있다. 체육은 건강을 기축으로 하여 강의와 연구를 수행하고 있지만 자신이 소속되어 있는 체육 그 자체의 건강에 대하여 지금까지 검토하지 못하였다. 체육조직이 건강하지 못하다고 단정 지을 수 있는 근거는 다양하게 확인할 수 있다. 그 예로 닫힌 학문으로서의 체육학을 말할 수 있다. 예를 들어 자신의 학문만이 최고라고 생각하는 아집과 다른 학문과 다른 생각을 인정하지 않으려는 폐쇄성을 들 수 있다. 체육학의 자연과학 분야는 양적 팽창으로 학과 교과목의 다수를 차지하고 있고 인문사회과학은 모양새만 갖추고 있을 뿐이다. 이 때문에 교과과정에서도 인문사회과학과 자연과학의 불균형을 형성하고 있다.

또한 재정적 문제와 기득권 때문에 파생되는 상호 간의 이해관계와 생존권이 달린 밥그릇 싸움으로 조직의 건강은 붕괴되고 있다. 겉모습은 건강하게 보이지만 내면의 병리현상은 수면으로 떠오르게 되었다. 그 첫 예가 체육계의 성폭력

사건, 폭력행위, 심판매수, 판정조작 등 많은 문제점을 드러내고 있다. 두 번째로, 학계의 표절문제도 심각한 현상이다. 그 근본적인 원인은 페어플레이를 강조하지만 실체로 체육학계나 체육현장에서 페어플레이는 실천되지 않기 때문에 형식만 있고 내용이 이를 충족시키지 못하기 때문이다. 학문에 있어서 건강문제를 보면, 분과 학문들이 세분되고 전문화되어 대화 자체가 어려워졌다는 데 문제가 있다.

기존의 체육학에서 행한 학제적 연구에도 문제가 있다. 그 문제는 통섭이 아닌 통합적인 연구로 끝나고 말았다는 것이다. 이들 연구에서 나타나는 문제점은 바로 차별과 배격, 그리고 격리를 보여주는 자기학문과 타학문 간의 경계 짓기이다. 학문 자체가 건강하지 못하면 의욕이 상실되고 진보를 향한 의지를 확인하기 어렵다. 기존의 기득권과 밥그릇만을 지키고 안주하려고 하기 때문에 거시적 차원에서 함께 망할 수 있다는 것을 조금도 생각하지 않는다. 그래서 다른 전공과 경계를 만드는 데 모든 노력을 다한다. 경계 짓기에서 벗어나기 위해서는 학문 간 소통이 필요하다.

2. 걸림돌 둘: 소통의 부재

전공 간의 경계 짓기는 소통의 부재 현상을 불러왔다. 체육학계는 전공 간에 또는 모 학문과 소통하고 있는가? 전혀 소통하지 못하고 있다고 볼 수 있다. 대학원에서 체육학을 전공하고 있는 분들이나 아니면 석사 또는 박사학위를 받은 자들이 다른 학문과의 대화를 시도한 적이 있는지 자못 궁금하다. 이들은 자연과학과 인문사회과학으로 분리하여 자신의 전공지식만을 탐구한다. 이 때문에 전공 간에 소통이 어려웠다. 예를 들어 한국체육학회는 현재 15개 분과학회로 구성되어 있지만, 서로 간의 학문적 논의나 토론은 빈번하지 못하다. 1년에 두 번 정도 전체회원들이 모여 학술대회를 하고 있지만 그것도 분과별로 나뉘어 자신의 전공분야에만 매달린다. 매번 만나는 학자들만 만나기 때문에 신선함이나 다른 차원의 아이디어를 접할 수 없다. 서로 상대방에 대하여 너무나 잘 알기 때문에 학술대회에서 무슨 말을 할지 대충 알 수 있다. 이외에도 다양한 체육학 관련 학회들이 존재하고 있을 뿐만 아니라, 어떻게 해서라도 체육학회 분과학회로 들어가기 위해서 기회를 엿보고 있는 실정이다.

체육학을 연구하고 강의하고 있지만 자신의 전공에 심취하다 보면 체육이 색이 없는 모학문으로 환원되고 있음을 알 수 있다. 이 때문에 모학문과 더 소통을 잘하고 있는 이상한 현상을 만나게 된다. 어떻게 보면 모학문의 하위학문인지 아니면 체육학의 학위학문인지 정체성이 의심되는 경우도 있다. 특히나 인문사회과학과 자연과학의 소통은 잘 이루어지지 못하고 있다. 어떻게 보면 소통의 단절은 통섭으로 가는 길에 걸림돌이 된다고 볼 수 있다.

인문사회과학의 비판과 성찰적 태도를 자연과학에 도입할 수 있고, 자연과학의 철저한 객관주의와 연구방법론은 인문사회과학에 영향을 미칠 수 있다. 이러한 장점에도 불구하고 자연과학의 양적 연구방법에 익숙한 학자들의 입장에서 한 가지 단적인 예로 인문사회과학에서 사용하고 있는 질적 연구방법을 학문의 방법론으로 수용하지 못하는 경우가 있다. 이는 다른 학문에 대하여 이해하려는 노력이 없기 때문이다.

자신의 입장에서 다른 학문과 방법론을 보기 때문에 그러한 결과가 나온다고 할 수 있다. 단순한 대화만을 가지고 소통이 이루어지는 것은 아니다. 인문사회학자들의 경우 자연과학자들이 호기심을 가질 수 있는 주제에 대하여 말하고, 역으로 자연과학자들은 인문학자들이 관심을 가질 수 있는 주제에 대하여 말할 때 서로 간의 관심이 집중되어 대화는 진행될 수 있다. 인문사회과학자들의 통찰을 이용하여 자연과학의 학문적 소재가 될 수 있는 아이디어를 제공할 수 있다. 반면에 자연과학 분야는 인문사회과학의 객관성 결여나 엄밀하지 못한 방법론에 대한 문제를 지적해줄 수 있다. 그렇게 되면 체육학 전체의 방향에 있어 좋은 견제력이 될 수 있을 것이다. 문제는 싫은 소리에 귀를 막지 않고, 열린 마음으로 다른 전공자들의 쓴 소리를 들을 수 있어야 한다.

3. 걸림돌 셋: 통합의 현실

차별과 배격, 그리고 격리는 경계 짓기에서 나타난다. 우리 사회에서 경계는 다양하게 현실을 지배하고 있다. 경계 짓기는 필요할 때도 있지만 불필요할 때도 있다. 체육학 내의 전공구별은 불필요한 경계 짓기라고 할 수 있다. 과연 경계를 구분하는 체육은 전공이 있는가? 이 질문이 의미하는 것은 체육학에 15개 이상의 전공이 있다고 자부하고 있지만, 엄밀히 구분해서 보면 전공은 크게 2개에 불과하다. 그것도 철저한 학점이수와 학위논문을 통해서 규정한다면 전공이 하나뿐이라는 비판을 받을 수 있다. 왜냐하면 충분한 전공 관련 학점이수와 이를 바탕으로 한 전공학위 논문이라는 과정을 통해서 해당 전공자가 되기 때문이다. 하지만 대부분의 전공자들은 자기전공에 관련된 충분한 학점을 이수하지 못하고 전공과 직접적으로 관련이 없는 체육학 내의 다른 과목을 이수해야 하는 것이 현실이다.

자기 학문의 정체성을 갖지 못하기 때문에 학문적 자신감과 전문성이 없고 전공이 애매모호한 경우가 생긴다. 철저한 전공지식의 부재로 인하여 학제적 연구를 통해서 새로운 이론과 지식을 창출하는 것이 아니라 통합된 결과물만을 생산하게 될 위험성이 있다. 통합과 통섭은 차이가 있다. 통합은 학제적 연구결과의 통합이지만, 통섭은 학제 간의 새로운 지식을 창출한다는 의미를 갖는다. 한 예로 학위논문을 하는 과정에서 다양한 인접학문의 이론과 연구방법론, 그리고 선행연구를 인용하여 새로운 지식과 방법론, 이론을 만들어냈다면 이것은 통섭으로서 의미가 있다. 하지만 앞의 예와 분명히 차이를 두어야 할 것은 학위논문의 제목을 여러 전공으로 복합되도록 하는 것이다. 이는 기회에 따라서 다양하게 자신의 전공을 이용하기 위한 전략적 대응에 불과하다.

대학원 체육학 전공을 살펴보면, 인문사회과학과 자연과학으로 크게 구분하고 있다. 이를 조금 더 세분화하면 인문과학, 사회과학, 자연과학 등 다양한 전공들이 있다. 하지만 다양한 전공에 비해 대학원 교과과정은 이들 전공을 충족시켜 주는 데 필요한 교과과정을 완전하게 마련하지 못하고 있다. 대학원 체육학 전공은 체육학 일반을 전공한다고 할 수 있다. 대학원 학위과정에서 2~3 과목의 전공과목을 수강하고 전공분야로 학위논문을 쓰게 되면 해당학문의 전공자라고 말하고 있다. 자세히 보면, 이것은 전공자라고 할 수 없다. 왜냐하면 충분하게 전공과목을 이수하고 학위논문을 쓰는 절차가 생략되었기 때문이다. 하지만 현실은 학위논문만으로 전공자라고 말하고 있다. 중요한 것은 교과과정의 이수과목을 확인하게 되면 어떤 전공을 선택했는지를 잘 알 수 있다. 그러나 현실은 체육학 일반의 다양한 학문 분야를 접하여 체육학을 공부하도록 마련되어 있다. 어떻게 보면 이것은 통섭에 더 근접하고 필요한 것인지 모른다. 하지만 엄격하게 따져보면, 전공을 충분하게 공부하고 이와 병행하여 자연과학이나 인문사회과학을 공부하도록 하는 것이 수순이다. 왜냐하면 체육학에 대하여 넓고 깊게 공부하는 것이 필요하기 때문이다.

체육의 미래, 통섭의 길을 가다

한국체육학회지 『체육』 창간호를 보면, 우리 체육학의 초기 모습은 분과학문들과 뚜렷하게 나누어지지 못하고 체육학 전체를 보여주고 있다. 시간이 지나면서 인문사회과학계열과 자연과학계열로 학회지는 구분되었다. 또 한때는 체육학회지 내 전문분과별 15개 항목을 두어 전공별 구분을 통하여 학회지가 발행되었다. 최근에는 학회지의 분량이 증가하였기 때문에 다시 인문사회과학계열과 자연과학계열로 구분하여 학회지를 만들고 있다. 한국체육학회지의 변천을 봐도 체육학의 분화 현상을 알 수 있다. 창간호 때처럼 체육학이 하나로서 인식되는 것을 엄격히 구분한다면 학문적 통섭이라고 볼 수 없다. 왜냐하면 체육학 지식이 전문화되고 발달되지 못하였기 때문이다.

이제는 체육학 지식이 전문화와 전문지식을 창출하고 있기 때문에 체육학으로 통섭을 이룰 수 있는 좋은 기회라고 할 수 있다. 기회를 살리기 위해서, 체육학 전공들 간의 경계를 넘어서야 하고, 인문사회과학과 자연과학의 지적 교류를 통하여 통섭으로 나가야 한다. 지금과 같이 분과 학문의 비대화는 체육학을 융성하게 하는 것이 아니라 더 초라하게 만들고 있다. 이러한 현상이 심화되어 학문의 분화현상으로 이어져 체육학 자체가 쪼개지고 분산될 것으로 보인다. 이러한 생각이 기우가 아니기를 바라지만 현실은 점점 분산과 해체로 치닫고 있어 우려되는 문제이다.

체육학의 미래는 통섭에 달려 있다고 생각된다. 학제적 연구, 혹은 다양한 학문적 접근을 통해서 전공들 간의 경계를 넘어야 한다. 포괄적인 체육학의 학문성과 전문성의 강화를 통하여 지속 성장의 길을 가야 한다. 지금과 같이 학문의 세분화와 전문화가 지속되면 소통과 통섭이 불가능해 학문의 분화 현상을 가져오게 된다. 체육학의 희망적인 미래는 통섭에서 찾을 수 있을 것이다. 다양한 전공지식 간의 교류와 소통을 통해 새로운 체육학 지식을 창출할 수 있을 가능성이 높기 때문이다. 지속적인 관심과 배려, 그리고 소통과 학제적 연구를 통해서 만나고 귀를 기울이는 노력이 더해 갈 때, 체육학 지식의 통섭은 체육학이 지속성장의 길을 갈 수 있도록 도울 수 있을 것이다. 이를 위해서 분과 전공 간의 학문화를 더 강화하고 다른 전공과의 통섭에 신경을 써야 한다.

체육학의 분과 학문들이 더욱 전문화되고 직업화되는 현상이 나타나고 있어 경계를 넘는 것이 불가능해 보인다. 이미 체육학 내의 분과학문 중심으로 전문자격증을 발급하고 전문화되는 모습을 보여주고 있다. 스포츠경영 관리사, 운동사, 스포츠심리 상담사 등 학문적 체계성을 갖고 전문화를 추진하고 있다. 과연 이 같은 분화 현상을 어떻게 보아야 하는가. 물론 시장의 경쟁 논리에 의해서 승자만이 살아남는 신자유주의 시대에 분과학문의 전문화는 당연한 현상일 것이다. 그렇다면 앞으로 체육학의 운명은 어떻게 될 것인가 궁금해진다. 미래의 불안과 걱정을 해결해

줄 수 있는 것이 통섭이다. 그래서 통섭은 체육학의 미래라고 할 수 있다. 통섭을 체육학 내에서 실천하기 위해서는 교육이 무엇보다도 중요하다. 다음의 글을 참고해 보자.

"방법은 하나뿐이다. 언제 어떤 직업으로 갈아타더라도 변신이 가능하도록 융통성과 응용력을 길러두는 것이다 .... 통섭 노력이 궁극적으로 결실을 맺어야 할 곳은 다름 아닌 교육이다. 기왕에 분과학문적인 교육을 받은 우리들에게는 통섭이 요원해 보일 수밖에 없다. 그러나 다음 세대가 어떤 형태로든 통섭적인 교육을 받게 된다면 통섭의 시대는 훨씬 앞당겨질 것이다.(최재천, 2007)

응용학문으로서의 체육학은 인문사회과학과 자연과학이 모두 존재하기 때문에 순수학문이라고 할 수 있는 수학, 물리학, 철학보다도 통섭을 이루는 데 유리한 입장에 놓여 있다. 체육학은 인문학을 배우고 자연과학을 배울 수 있는 기회가 많기 때문에 통섭하는 데 좀 더 수월하다. 문제

는 이러한 기회를 뜬구름 잡는 얘기와 헛소리로
치부할 것이 아니라, 인문사회과학에서 배우고
응용할 수 있어야 한다. 학부과정에서 열려 있는
태도를 학생들이 익힐 수 있도록 기회를 마련하
는 것이 급선무이다. 학생들은 융통성과 응용력
을 갖출 수 있는 기회를 만들어 능력을 개발시
켜야 한다. 이를 위해서 체육학과 내의 교과과정
에 특정 전공을 심화시키고 확장하는 것을 경계
하여 학생들이 다양한 학문과 전공을 경험할 수
있도록 배려해야 한다.

예를 들어 체육학 연구에서 연구윤리 부분은
인문학에서 연구되어야 할 분야이다. 인문학에서
연구윤리를 규명하고 자연과학의 연구과정에서
연구표절과 윤리에 대한 이해를 바탕으로 이를
실천할 수 있도록 한다면, 학문의 지속적 성장은
가능할 것이다. 왜냐하면 연구윤리가 결여된 연
구결과는 위험하기 때문이다. 이외에도 건강에
대하여 연구한다면 신체적 건강에 대한 자연과학

적 연구만이 아니라 스포츠사회학, 스포츠심리학, 스포츠철학, 스포츠역사학 등 다양한 접근을 통해서 건강의 다차원적 개념을 확립할 수 있다. 이와 같은 건강에 대한 이해를 통해서 우리사회가 건강한 사회를 형성하도록 하는 데 체육학은 큰 역할을 할 수 있을 것이다. 희망은 사람이고 교육이다. 다시 우리는 통섭의 시대적 요구와 체육학과의 교과과정을 눈여겨봐야 할 것이다. 너무 한쪽으로 기울어져 제대로 속도를 내지 못하고 있는 것은 아닌지, 경계의 눈을 크게 떠야 할 것이다.

<한국체육학회보. 제92호. 2008. 11.>

제2부

07장

친일체육인은 없는가

'역사는 과거와 현대의 끊임없는 대화이다.' 에드워드 핼릿 카[2]의 유명한 이 말은 역사는 현재 시점에서 해석되고 기록된다는 것을 의미한다. 역사가의 사관에 의해서 역사적 사실은 해석되기

---

2) 에드워드 핼릿 카(Edward Hallett Carr, 1892~1982): 영국의 정치학자이자 역사가이다. 외교관 시절부터 『칼 마르크스』(1934) 등 일련의 사회주의자들의 평전을 간행하였다. 학계로 들어와 국제정치학을 전공하여 『위기의 20년』(1939) 등으로 현대 국제관계 연구의 기초를 닦았다. 1950년 이후에는 러시아 혁명의 연구에 전념하여, 1978년에 『소비에트 러시아사』(전 10권)를 완성했다. 『새로운 사회』(1957)에서는 인류가 사회주의사회로 가야 한다고 주장하고 있다.(출전: 네이버지식백과 사회과학사전)

때문에 사학자가 어떤 역사관을 가지고 역사를 서술했느냐에 따라서 사실에 대한 해석이 아주 판이하게 달라진다. 일본의 역사왜곡과 중국의 동북공정은 자의적인 역사해석으로 국가적 차원에서 국익을 위해 이루어진 왜곡된 역사서술이다. 이런 점에서 객관적이고 실증적인 역사서술, 누구나 수용 가능한 역사서술이 왜 필요한지를 알 수 있다.

사학자의 단순한 자의적인 역사 해석은 역사를 왜곡할 가능성이 높고 지나치면 역사소설이 될 수 있다. 사학자는 사실을 해석하는 데 있어서 객관적인 사료 검토와 비판적이고 성찰적인 입장에서 해석을 하도록 노력해야 한다. 역사적 사실에 대한 다양한 시선의 해석 가능성은 열려 있지만 그렇다고 자의적인 해석을 해서는 안 된다. 그런데 현재 국내 체육사의 역사기술 내용은 편향된 부분이 보이는 것 같다. 특히 일제감정기의 역사서술과 친일체육인에 대한 서술에서 균형

감각을 잃고 있는 것으로 생각된다. 이런 인식을 토대로 친일체육인 선정의 합리적 근거를 검토해 보고, 친일체육인과 역사청산의 문제를 비판적인 시각에서 짚어보고자 한다.

친일체육인 선정의 합리적 근거 찾기

민족문제연구소와 친일인명사전 편찬위원회가 친일인명사전 수록예정자 1차 명단에 3,090명을 발표하였다. 이번 발표에 대하여 친일인물 분류의 기준이 없다는 비판과 이를 통해서 60년 만에 친일청산을 하게 되었다는 엇갈리는 보도를 접할 수 있었다. 민족지도자로 알고 있었던 인물들이 친일인사로 대거 분류되기도 했으며, 다양한 분야의 인물들이 친일인물명단에 올랐다.

그러나 그 명단에 유독 체육계의 친일인물은 찾아볼 수 없었다. 체육계는 친일인물이 전무한가, 아니면 예외를 인정하는 특별한 영역인가. 체육계의 친일인물을 밝히기 위해 일정한 기준을 설정한다는 것은 매우 어려운 일이다. 하지만 그 기준을 설정할 수 있다고 생각하며, 논의를 이끌 어낸다는 차원에서 두 가지 정도의 기준을 제시 해보았다.

첫째, 해방 이전 일본대표로 올림픽과 세계대 회의 참가 여부이다. 이들은 일장기를 가슴에 달 고 세계에 일본 명예를 빛낸 장본인들이다. 모든 선수들을 친일인물이라고 규정할 수는 없을 것이 다. 그러나 검토는 필요할 것으로 생각된다. 그 누구도 지금까지 이들에 대하여 친일을 한 사람 이라고 말하거나 의심하지 않았다. 왜냐하면 이 들은 모두 해방 이후에 우리의 영웅이 되어 있 었기 때문이다.

이들의 친일 행적에 관한 자료수집과 이런 사 료에 대한 검토 작업이 전무했기 때문에 규명되 지 못하고 있다. 우리 풍토에서는 이들을 친일로 분류하는 데 많은 어려움이 있기 때문에 접근이용이하지 않았던 것은 사실이다. 이들에 대하여 우리사회가 높이 평가하는 분위기에서 누가 이들에게 친일이라는 비판의 칼을 들이댈 수 있었겠는가? 그 칼날이 역으로 자신에게 돌아올 수 있기 때문에 친일파 진상규명은 어려움이 따를 수밖에 없다.

체육사연구에서는 이들을 긍정적으로 평가한 내용들만 있는 듯하다. 예컨대 이상백이나 서상천 등의 연구에서 친일행위에 관한 접근은 시도해보지도 않은 채 단지 한국 근대스포츠 발전에 지대한 영향을 미친 측면만 편향되게 다루고 있다. 친일의 여부는 구체적인 연구 끝에 규정되어야 할 것이나 반드시 부정적인 시각에서도 조명해보아야 한다.

둘째, 일제강점기에 조선체육협회에 관여했는가의 문제이다. 당시 조선에는 두 개의 체육단체가 있었다. 하나는 조선인들이 중심이 되어 자주

적으로 결성한 '조선체육회'였고, 다른 하나는 일본인을 중심으로 한 '조선체육협회'였다.

이 기준을 적용하여 친일체육인으로 간주할 수도 있다. 조선체육회가 있음에도 불구하고 '조선체육회'를 방해하기 위하여 일본인에 의해서 만들어진 '조선체육협회'의 일에 참여하여 활약을 하였기 때문이다. 조선체육협회 참여 자체만으로도 친일적 행위로 간주할 수도 있다. 여기에 참여했던 많은 친일체육계 인사들이 해방 이후 한국체육 발전에 많은 공헌을 하였다. 그렇기 때문에 이들의 친일 행적은 가려져 있다.

이제는 친일체육인에 대해 공개가 빠르게 이뤄져야 한다. 조선체육협회의 참여는 의도적이고 자발적인 행위라고 볼 때 친일의 근거가 된다고 볼 수 있다. 일본인에 의하여 주도된 단체에 가입하여 활동을 한 사실 자체는 역사적 판단에 있어서 친일행위임이 틀림없지 않을까?

이와 같은 저자의 친일체육인 선정 근거에 대

하여 일부 학자는 문제가 있다고 이견을 제시한
바 있다. 두 가지의 단순한 잣대로 친일체육인을
규정하는 것은 객관적이지 못하고 기계적인 접근
이며 논란의 소지가 있다고 반박했다. 그 반박의
근거로 베를린 올림픽에 일본축구대표 선수로 참
가한 김용식의 예를 들고 있다.

김용식은 한국축구계의 원로이며 국내의 많은
축구인들에게 존경을 받고 있는 인물이다. 김용
식은 어린 시절은 물론 일본 국가대표 선수생활
이후에도 민족의 독립과 해방을 위하여 많은 노
력을 했다고 한다. 단순히 베를린 올림픽에 일본
국가대표 선수로 참가한 것만으로 친일체육인으
로 규정하는 것은 한계가 있을 수 있다.

그러므로 체육계 친일인물 선정 과정에는 합
리적 논의 과정이 꼭 필요함은 틀림없다. 논의를
통해서 객관적이고 합리적인 친일체육인 선정 논
리가 마련되어야 최종적인 평가 결과가 설득력을
얻을 수 있다. 합리적 기준이 없기 때문에 체육

계 내의 친일인물 선정의 어려움이 따른다. 이런 차원에서 학계에서 조속한 논의가 이루어졌으면 한다. 그리고 그 논의 과정 이전에 앞에서 제시한 친일체육인 선정논리의 두 가지 기준은 여전히 유효하다고 생각한다.

친일체육인과 역사 청산 그리고 비판적 시선

친일체육인 선정은 과연 불가능한 일인가. 아니면 불필요한 일인가. 음악, 미술 분야에서도 친일인물이 선정되고 있는데 유독 체육계는 예외적인 영역으로 되어 있다. 과연 체육계는 친인인물이 전혀 없었는가 하는 의문을 가질 수밖에 없다.

일본의 식민지 지배를 정당화하거나 일본 제국주의의 영광을 위해 일장기를 가슴에 달고 일본대표 선수로 세계에 일본을 빛낸 선수들이 있음에도 불구하고 이것은 문제가 되지 않는다는 것인가? 이 선수들은 아무 생각 없이 운동 그 자체가 좋기 때문에 이념에 대한 생각을 가지지 않았다고 볼 수 있는가? 이들은 단지 신체적 탁월성을 표현하기 위한 것이었을 뿐 일본과는 아무 관련성이 없다고 말할 수 있는가?

이러한 질문에 답할 수 있다면 체육 친일인물에 관한 논란이 불식될 수도 있을 것이다. 하지만 이러한 질문에 답할 수 없기 때문에 친일 문제는 체육계 또한 어떤 목소리를 내고 짚고 넘어야 할 과제이다.

체육계에도 친일인물은 분명 존재하고 있었고 친일청산에 예외가 될 수 없다. 일본대표로 국제경기에 참가한 사람들이 역사의식이 전혀 없을 정도로 무지하지는 않았다. 일본에서 대학을 다닐 정도라면 자신의 정체성을 가질 수 있는 사람들이 대부분이었다. 하지만 이들이 해방 이후에 국내 체육계의 중요한 요직에 다수가 참여하게 되었고, 실제로 한국 근대스포츠 발전에 많은 영향을 미치게 되었다.

지금까지도 친일청산이 되지 못한 이유가 바

로 여기에 있다. 이들에 대한 평가가 쉽지 않다. 그러나 이들이 근대 한국스포츠 발전에 지대한 공헌을 했기 때문에 이들에 대한 비판을 유보해야 한다는 의견은 설득력이 없다. 만약 친일적인 인물이 있었다면 그들의 행위는 단죄의 대상이 된다고 본다.

식민지 시대에 관한 역사를 청산하는 것은 우리 시대의 당위적 목표이다. 역사청산을 주장하지만 체육분야의 현실을 보면 식민지 잔재를 청산하지 못한 측면이 있다. 학교체육에는 아직도 청산되지 못한 식민지 교육 잔재가 남아있으며, 과거의 것들을 버리지 못하고 답습하고 있는 것들도 많다.

오늘날의 한국 체육이 친일인물들의 노력 위에서 성립되고 발전하였다고 하지만, 공로와 과실을 명확히 할 필요가 있다. 어떤 인물에 대하여 공로 때문에 과를 눈감아 주면 모든 잘못이 사라지고 만다. 그렇기 때문에 친일청산이 이뤄져야 하는데도 불구하고 계속 연기될 뿐인 것이다.

친일체육인을 공개적으로 밝히는 것은 객관적인 시각에서 그들의 행위에 대하여 비판을 하고, 같은 일들이 우리 역사상 거듭되지 않도록 하기 위함이다. 역사의 심판이 없다면 개인의 영달을 위해 자신의 민족을 팔아먹고 동포를 이용하는 인간들이 넘쳐날 수 있다.

이 때문에 역사는 항상 심판한다는 역사의 소리에 귀 기울일 필요가 있다. 이런 뜻에서 체육계의 친일청산은 예외가 될 수 없다고 생각한다. 친일인물사전 수록예정자 명단에 친일체육 인물들이 포함되기를 기대하는 이유도 여기에 있다. 이 같은 일이 역사에서 되풀이되지 못하도록 올바른 역사인식을 후대에 교훈으로 남겨야 한다.

맺음말

이제 우리의 현실을 솔직한 마음으로 다시 바라볼 때이다. 한국 체육사에서 일제 강점기(식민지)에 대한 연구는 간혹 있는 반면에 친일체육인에 관련된 연구는 거의 전무한 실정이다. 누가 친일체육인이라고 말하기조차 쉽지 않은 것이 학계의 분위기라 친일체육인에 대한 연구는 쉽지 않았던 것이다. 그러나 이해관계를 떠나서 연구되어야 할 과제 중 하나임에는 틀림없다. 당연히 반론도 있을 것이다. 어떤 학자는 체육은 가치중립적이라 정치·경제·문화의 영향에서 자유롭기 때문에 친일인물을 규정할 수 없는 예외성을 갖는다고 주장한다. 체육 혹은 스포츠는 정치에서 자유롭고 인간 개인의 신체적 탁월성을 표현하는 행위이기 때문에 친일문제와 관련성이 없다고도 한다. 정치·경제·문화와는 아주 다른 특수한 경우라고 말하고 있다. 그렇지만 스포츠의 참가도 자신의 신념과 의지와 무관할 수만은 없다는 측면에서 보면 설득력이 떨어지는 주장이다. 신체적 탁월성을 추구하는 자세로 경기만 참가했기 때문에 역사청산의 대상이 될 수 없다는 주장도 있으나 그러한 주장 또한 궁색한 변명으로 들린다. 일본 국가대표로 올림픽에 참가한 것은 친일행위하고 할 수 없다는 주장 역시 같은 맥락에서 설득력이 약한 주장이다. 따라서 우리학계에서 논의가 시작되어야 한다.

앞으로 논의를 더 이끌어내기 위해 조심스럽게 단정적인 입장을 표출할 필요가 있다. 그러한 측면에서 역사의식이 있는 사람이면 일본의 영광을 위하여 자발적으로 올림픽에 참가한 것은 엄연히 친일행위였다고 단정해 볼 수도 있다. 그리고 균형적인 시선을 유지하고 일제강점기의 역사를 바라보아야 한다.

단지 긍정적인 측면에서 일제강점기 체육인들을 조명하여 근대체육의 영웅으로 평가하는 것은 개운치 않다. 그들이 한국 근대체육의 발전에 큰 영향을 미쳤다는 긍정적인 시각으로만 보고 역사가 기술되어서는 안 될 일이다.

일본의 영향이 없었다면 근대체육의 발전은 생

각할 수 없었을 것이라는 논리와 반대로, 일본의 식민지 지배 때문에 우리 고유의 전통체육이 사라지게 되었다는 대립적인 주장이 있을 수 있으며, 이들은 상충된다.

어떤 것이 자의적 해석이고 올바른 역사인식이며, 서술인지 자못 궁금증이 일어난다. 그렇기 때문에 체육 역사학자들의 비판적 시선과 성찰적 태도에 의한 역사 인식과 해석은 더욱 필요하며, 이 주제는 우리 학계의 연구과제이다.

<한국체육사학회보, 제13호, 2007. 3.>

08장

체육사연구는 진화하고 있는가

□1□

체육사연구는 진화하고 있는가? 이 질문에 대한 글쓴이의 입장은 회의적이다. 체육사연구를 양적으로 보면 분명 진화하고 있다고 할 수 있지만 질적(내용)으로 보면 꼭 그렇지만은 않은 것 같다. 이 같은 주장의 근거는 체육사연구가 너무나 개별적이며 논쟁이나 비판, 재해석을 한 연구는 사실상 찾아보기 어렵다는 데에 있다. 체육사연구가 진화하지 못하고 과거의 반복적 연구에만 머무는 것은 몇 가지 걸림돌 때문이다.

첫째, 선배학자들의 연구와 권위에 너무 의존적이라는 것이다. 한국체육사학회에서 발행하고 있는 체육사연구에 발표된 대부분의 연구물들은 선배학자들의 주장과 그 연구의 성과물에 의존한 연구다. 연구자 자신의 논리를 정당화하는 근거를 선배 학자들의 연구결과에 의존하고 있기 때문에 비판이나 재해석이 나오기 어렵다. 물론 선배 학자들의 역사해석과 성과가 비판할 여지가 없다면 문제가 없다. 하지만 비판할 내용이 있음에도 불구하고 학회지에 게재되기 위해서 비판하지 않고 의존하게 되는 연구라면 그것은 문제가 있다. 그렇기 때문에 다른 해석을 찾아보기 어렵고 비판적 연구 역시 찾아보기 어렵다.

한국근현대체육사연구는 나현성의 벽을 넘어서지 못하고 있다. 따라서 연구자들은 나현성의 연구를 검토하고 체육사연구자들의 새로운 해석과 이해가 있어야 한다. 나현성의 역사기술을 마치

진리와 같이 절대시해서는 안 된다. 이제 스승의 벽을 넘어서야 한다. 그러기 위해서는 체육사연구에 대한 논쟁이 필요하다.

둘째, 체육사연구에서 논쟁이 별로 없다는 것이다. 별로 없다는 말은 그래도 몇 가지 논쟁이 있었다는 것을 의미한다. 오병수박희(五兵手博戱) 논쟁, 태권도의 역사논쟁, 야구도입시기에 대한 논쟁, 최초의 운동회 시기의 논쟁 이외에 특별히 학자들 간의 논쟁이 있지 않았다.

논쟁이 없기 때문에 연구의 활력을 찾아보기 어렵다. 물론 체육사연구는 1년에 3회를 발행하고 있기 때문에 글쓴이의 주장은 문제가 될 수 있다는 반론이 예상된다. 하지만 엄격히 체육사연구를 읽어봐도 특별한 논쟁이 없다. 연구자들의 개별적 연구만이 있을 뿐이다.

논쟁에 참여하기 위해 기본 입장을 재검토하고, 재해석하는 과정에서 새로운 역사의 지식을 발견할 수 있고 학문을 더 활성화시킬 수 있다. 하지만 현재 체육사연구는 선배학자의 권위를 넘어서지 못하며, 선배학자의 주장을 비판하지 못하는 데 한계점이 있다. 분명히 다른 해석과 주장을 할 수 있는데, 권위 때문에 눈치를 보는 형국은 체육사연구의 진보를 막는 걸림돌이 아닐 수 없다.

셋째, 체육사연구의 이해와 해석의 문제에서 찾아볼 수 있다. 체육사연구는 사료를 바탕으로 한 이해와 해석이라고 과정을 통해 얻어낸 성과에 대한 검증과 논의라고 할 수 있다. 해석의 근거를 과거의 기록된 사료나 유물에서 찾는다. 그 역사적 근거를 통해서 사학자가 해석을 하는 것이다. 문제는 기록된 역사는 이 역시 기록자가 보려고 하는 것만을 기록한 것이라는 데 한계가 있다.

특히나 과거의 역사책에서 역사해석의 근거를

찾는 것은 역사왜곡으로 이어질 수 있다는 위험성을 가지고 있다. 그렇다고 역사책을 바탕으로 하지 않는 역사연구는 할 수 없다는 것이다. 어떻게 이 문제를 해결할 수 있을까. 그 해답은 일반 역사에 대한 이해를 가지고 당시의 맥락(context)을 해석해야 한다는 것이다. 맥락을 떠난 해석은 오류가 발생할 개연성이 높다.

체육사 연구자가 어떤 관점을 가지고 보느냐에 따라서 아주 판이한 결과를 보여준다. 왜냐하면, 해석하는 과정에서 특정 이데올로기를 주입하여 해석하기 때문이다. 글쓴이가 주목하는 것은 해석에 앞서 이해가 필수라는 것이다. 정확한 이해 없이는 정확한 해석은 불가능하다. 이해와 해석의 우선순위는 달걀과 닭의 우선순위를 따지는 것과 같이 무의미하다. 해석하는 데 고려될 사항은 맥락적 해석이라는 것이다. 그 당시의 맥락을 정확히 이해하는 것이 정확한 해석의 지름길이다.

체육사연구에서 문제가 되는 것은 탈맥락적 해석에 있다. 연구자 자신의 주장을 정당화하기 위해 맥락을 고려하지 않은 상태에서 역사적 해석이 이루어진다는 점이다. 그 당시의 맥락에 대한 이해가 필요한 이유이다. 탈맥락화된 역사 해석은 오류와 더불어 역사왜곡을 가져올 수 있다.

넷째, 학문후속세대의 부족이다. 체육학은 다른 분과 분야에 비하여 체육사를 전공하는 대학원생의 숫자나 박사학위를 소지한 연구자가 많지 않다. 물론 체육사 전공 교수의 채용이 많지 않은 상황에서 어떻게 보면 다행이라고 할 수 있지만 거시적으로 보면 체육사연구가 정체될 수밖에 없다는 것이다. 학문후속세대의 양성을 위해서 체육사 수업이 박제화된 수업이 아니라, 역사적 상상력과 다양한 시선을 가지고 다양한 해석을 할 수 있도록 지적 자극을 주는 수업이 되어야 한다. 단순히 역사적 사실을 배우고 암기하는 차원을 넘어서 학생들이 다양한 입장으로 역사적 사실을 해석할 수 있도록 하는 수업이 필요하다. 학생들이 '쓰인 역사'와 '일어난 역사'가 같은지 아니면, 왜 다르게 쓰였는지 궁금증을 유발하고 지적 호기심을 가지고 공부할 수 있도록 비판력을 가질 수 있는 체육사 수업이 필요하다.

3

앞에서 한국 체육사연구의 진화를 방해하는 걸림돌과 그것을 넘어서기 위한 디딤돌에 대하여 알아보았다. 현재 체육사연구가 주목받지 못하는 것은(물론 글쓴이의 입장이다) 연구들이 지속적으로 같은 결과를 되풀이하고 있을 뿐, 흥미와 논쟁을 이끌어 내는 연구 성과가 별로 없다는 점이다. 체육사연구가 주목받고 진화하기 위해서는 논쟁과 비판, 성찰하는 체육사연구가 되어야 한다. 그래서 한국체육사 책과 세계체육사 책을 고쳐쓰거나 다시 쓰는 일이 일어날 수 있어야 한다.

지금의 책은 너무 박제화되어 있어 생기를 찾아 보기 어렵다. 과거의 성과와 권위에 안착하는 것은 더 이상 발전과 진화를 할 수 없게 만든다. 비판하고 재해석하는 과정에서 역사해석의 오류와 역사왜곡에서 벗어날 수 있다. 역사해석의 다양한 시선이 존재하는데도 불구하고 너무 한쪽으로 편향되어서 연구되고 교육되지는 않았나? 너무나 민족주의적 시각에서 체육사를 연구한 것은 아닌가? 연구주제가 너무나 방대하기 때문에 특정 영역의 연구자가 부족하여 비판할 입장이 되지 못하는 것은 아닌가? 여러 의문이 남는다. 곰곰이 생각해 볼 문제이다.

<한국체육사회보, 제19호, 2010. 3.>

09장

체육사연구와 강박관념

1

체육사연구자가 가질 수 있는 몇 가지 강박관념에 대하여 생각해 보려고 한다. 강박관념은 우리가 생각하는 것보다 연구와 일상에서 삶을 더욱 힘들게 한다. 왜냐하면 연구를 방해할 수 있을 뿐만 아니라 연구 그 자체를 지속하지 못하게 할 수 있기 때문이다. 특히 연구자 혹은 석사와 박사학위를 준비하고 있는 원생들에게 강박관념은 연구와 학위논문 작성을 어렵게 만든다. 몇 가지 예를 들어 보자. 하나는 연구방법에 대한 강박관념이고, 다른 하나는 연구결과에 대한 명확한 해답(결론)을 제시해야만 한다는 강박관념이다. 이외에도 연구업적에 대한 강박관념을 들 수 있다. 이들 강박관념은 체육사연구에 도움이 되기보다는 걸림돌로 작용한다. 그럼 하나씩 알아보자.

2

첫째, 연구방법에 대한 강박관념이다. 학회지의 연구논문이나 학위논문을 심사하는 과정에서 만나게 되는 문제는 연구방법이다. 특히 체육사분야의 박사학위논문의 경우 심사위원 중에서 자연과학을 전공한 교수가 심사를 하게 되면 듣게되는 것이 연구방법론이 무엇이냐 하는 질문이다. 이 질문에 답을 해야 하는 부담을 가지게 되어 학위논문에 별도의 장을 만들어 연구방법에 대하여 밝혀야 하는 입장에 놓이게 된다.

왜냐하면 연구방법론이 없는 것은 학위논문으

로 인정을 받지 못하는 것이 체육학의 현실이기 때문이다. 이러한 현실은 체육사연구자들에게 연구방법에 대한 일종의 강박관념을 가지게 만든다. 특히 학회지 심사양식에서도 연구방법은 큰 비중을 차지하고 있으며, 심사하는 입장이나 투고하는 사람도 연구방법에 대한 생각을 하지 않을 수 없다. 그래서 구색을 맞추기 위해 문헌연구라는 것을 방법론으로 표기하거나 구술사, 구술생애사, 생애사, 참여관찰과 심층면담 등 질적연구 방법 등을 밝히게 된다. 체육사연구에서 방법론을 구체적으로 밝혀야 하는 예외도 있지만 방법론을 밝히지 않아도 되는 경우가 더 많다. 왜냐하면 연구자체가 방법론이 될 수 있기 때문이다.

이 같은 행위는 일반역사 연구논문에서 찾아보기 어렵다. 그 이유는 연구자체가 방법이 될 수 있어 굳이 방법론을 표기할 필요가 없기 때문이다. 역사를 연구한다는 것은 사료를 발굴하고 기존의 주장이나 이론, 그리고 사실에 대한 재검토, 문제제기나 재해석을 하는 것이다. 방법론은 사료를 찾고 해석하는 행위 그 자체이다. 그렇기 때문에 방법론에 대하여 고민할 필요가 없다.

최근에 체육학 연구에서는 질적연구 방법론을 많이 사용하고 있으며, 질적연구를 배우기 위하여 인류학 분야를 공부하는 추세다. 인류학에서는 연구 자체가 현장연구를 기본으로 한다. 방법론은 연구 그 자체이기 때문에 방법론을 강의하거나 언급하지 않는다. 그렇기 때문에 다른 분야에서 인류학 연구방법을 배우려고 하는데 역으로 인류학 연구자들은 크게 연구방법에 대하여 말하지 않는다. 왜냐하면 연구 자체가 방법론이기 때문이다. 이런 경우는 철학도 마찬가지다. 철학은 글쓰기 자체가 연구방법이기 때문에 별도로 연구방법론을 가르치지 않는다. 생각하고 글을 쓰는 과정에서 연구하는 바를 모두 나타낼 수 있기에 따로 방법론이 필요하지 않다.

둘째, 연구결과에 대한 강박관념이다. 연구논문에서 연구목적과 연구문제와 부합하는 연구결과에 대한 명확한 설명을 요구한다. 자연과학은 연구문제와 연구결과가 명확하다. 그 이유는 가치중립적인 학문의 특성 때문이다. 연구목적에 맞는 방법론으로 실험을 해서 도출되는 결과를 밝히면 된다. 긍정적 결과이든 부정적 결과이든 그 결과는 연구의 결과로서 문제가 없다. 하지만 체육사연구는 연구문제에 대해 명확한 대답을 하지 못하는 경우가 있다. 연구결과에 대한 연구자의 입장은 다양한 시선에 따른 다양한 해석이 존재할 수 있기 때문이며, 새로운 문제제기로 끝날 수도 있기 때문이다. 문제제기 자체가 연구결과일 수 있어 명확한 결론을 얻지 못하는 경우가 있다. 그것은 다른 해석이 존재하기 때문에 확답할 수 없는 학문 특성상의 이유가 된다. 너무 명확한 결과를 의식하다 보면 무리한 자의적 해석을 도출할 가능성이 높다. 자의적 해석을 넘어서는 방법은 문제제기를 하는 방법으로 결론을 맺는 것이다. 문제제기 그 자체가 좋은 연구결과일 수 있다. 문제제기에 대한 문제제기가 이어져 더 이상 문제제기를 할 수 없는 논문이 나올 수 있기 때문이다.

셋째, 연구업적에 대한 강박관념을 들 수 있다. 신자유주의가 대학에 도입되면서 연구업적은 학자의 능력을 평가하는 잣대로 등장하게 되었다. 학문의 특성과는 상관없이 국제과학학술지 SCI급 논문이나 국내 등재(후보)지 논문을 강조하게 되었다. 그 결과 앞서의 등급기준에 미치지 못하는 대학논문집이나 다른 논문집들은 발행할 논문이 없어 논문집을 발행하지 못하는 경우도 생기고 있다. 조급한 학교당국의 요구는 학문전체의 지형도를 바꾸어 놓았다. 체육학 분야도 특정학교에서는 승진을 위해 SCI급 몇 편을 써야 하는 실정이다. 체육학 분야의 자연과학의 경우 발표논문이 300편을 넘는 학자가 등장하고 있다. 체육사연구자의 입장에서는 도저히 따라갈 수 없는 결과물이다. 학교에서는 체육학자들 사이에 비교가 되기 때문에 연구업적을 강요하게 된다. 연구업적에 대한 강박관념은 무리한 연구결과물을 생산하게 된다. 유사한 논문과 참신하거나 학문적 기여보다는 연구업적을 늘리는 연구가 되기 쉽다. 체육사연구는 체육사 책의 한 문장이나 문구를 바꿀 수 있는 것이 최고의 연구일 수 있다. 기존의 주장과 해석이 틀렸음을 밝히고 새로운 사실로 바꾸는 일이 최상의 연구하는 즐거움이며 성과이다.

3

지금까지 체육사연구자의 강박관념에 대하여 알아보았다. 강박관념은 긍정적으로 좋은 연구결과물을 가져올 수 있지만, 이것이 오래가면 연구의 걸림돌로 작용할 수 있다. 왜냐하면 연구생명을 지속하지 못하게 할 수 있기 때문이다. 체육사연구자는 단거리 주자가 아니라 마라톤 주자가 되어야 하는 것이 연구를 주업으로 하는 연구자의 모습이다. 그렇기 때문에 체육사연구에서 만나게 되는 방법론, 명확한 해답, 연구업적 등의 강박관념에서 자유로워지는 것이 필요하다. 그 자유로움은 다른 데 있지 않고 자기 자신의 평가에 대한 측정기준을 사료발굴과 재해석의 보람에서 찾아야 한다.

우선 인접학문 체육과학을 너무 의식하여 비교할 필요가 없다. 체육과학은 명확한 연구방법과 연구결과 그리고 연구업적이 뛰어나다. 인정할 것은 인정해야 한다. 체육사연구와 비교할 수 없을 만큼이다. 하지만 체육학이라는 한 지붕 아래에서 생활하기 때문에 비교하지 않을 수 없다. 비교에서 자유로워지는 것은 체육사연구의 특성에 맞는 연구를 하면 된다. 너무 방법에 대한 강박관념으로 인위적인 방법론의 도입과 양산을 가져올 필요는 없다. 있는 그대로 사료를 발굴하고 해석하고 사실을 확인하면 되는 것이다. 자신의 연구영역에 대한 자부심과 자존심을 가질 수 있다면 그것이 강박관념에서 벗어나는 하나의 길이 될 것이다.

<한국체육사학회보, 제20호, 2010. 9.>

10장

체육사수업, 재미있게 할 수 있을까

1

이 글은 대학에서 체육사 및 체육철학 수업을 하고 있는 입장에서 체육사수업의 현주소를 알아보고 자기반성을 하기 위함이다. 인간은 자기반성을 통해서 자기성숙의 맛을 느끼면서 유한한 삶의 과정을 만족하면서 살아간다고 한다.

체육사수업 또한 현주소와 자기반성이 필요하다. '왜?'라는 질문은 철학에만 필요한 것이 아니라 현실에서 자신의 현재 상황을 파악하기 위하여 필요하다. 현실은 체육사와 체육철학이 함께 동거해야 하는 입장이다. 체육교육과는 물론 다른 체육계열 학과에서도 하나의 수업으로 연결되고 있다. 그것은 불편한 동거일 수 있으며, 생존하기 위한 것일 수 있다. 이 글은 이 문제를 논의하기 위한 것이 아니라 이런 현실을 직시하고 현주소를 살펴보고 변화하기 위함이다. 현실은 외면할 수 없기 때문에 현실성 있는 대응과 처방이 따라주어야 한다. 변화를 외면하고 과거의 방식대로 수업을 진행하다 보면 학생들로부터 체육사수업은 외면당하기 쉽다.

2

재미있는 체육사수업을 하기 위해 영화·논술·토론 수업을 게임을 이용하여 생생하게 살아 있는 체육사수업을 생각해 볼 수 있다. 생생한 체육현실을 돌아볼 수 있는 거울과 같은 수업을 진행하는 것은 재미를 가져다줄 수 있는 장점이 있다. 현재의 이종격투기 선수와 고대 로마시대의 검투사가 경기를 한다면 과연 누가 승리할까? 초등학교 학생들이 이종격투기 선수들을 비교하면서 누가 더 센지 다투는 모습은 체육사수업에서 역사적 상상력을 위하여 생각해 볼 수 있는 문제이다. 로마 시대의 검투사 선수의 출신배경, 훈련방법, 체격과 체력, 경기방식 등 다양한 관점에서 현재 이종격투기 선수와 가상의 공간에서 시합을 시켜 볼 수 있을 것이다.

조선시대 사람들은 어떻게 체육을 했을까? 체육은 양반만 했을까 아니면 평민들도 했을까. 이들은 어떤 놀이를 하며 살았을까? 고려시대에 오병수박희(五兵手博戲)는 어떤 모습이었을까? 식민지시기 체조를 어떻게 봐야 하는가?

재미있는 주제가 넘쳐나고 있다. 이 모든 것을 생생하게 전달할 수 있다면, 체육사수업은 재미없고 지루한 강의가 아니라 학생들의 얼굴에서 생기가 넘쳐나는 생생한 수업이 될 것이다. 과연 어떻게 학생을 가르쳐야 하는가? 그 방법에 대하여 몇 가지 알아보자.

첫째, 영화를 이용한 체육사수업이다. 스포츠 영화는 실화를 바탕으로 제작되었기 때문에 현실 감이 있어서 재미·감동·교훈을 선사한다. 이미 제작된 스포츠영화들 가운데 체육의 역사적 배경을 알 수 있게 하는 영화들이 의외로 많이 있다. 근대올림픽의 모습을 보기 위해서 1981년 제작된 스포츠영화의 명작이라고 하는 〈불의 전차〉를 보면 잘 알 수 있다. 1924년 파리올림픽의 모습을 역사적 고증을 통해서 재현해 놓았다. 이 때문에 1924년 당시 사회상과 올림픽 경기장에 있는 것과 같은 착각에 빠지게 된다. 당시 100미터 결승전의 모습을 보면 선수들이 출발선에서 모종삽을 들고 들어온다. 과연 저 삽으로 무엇을 할까? 상대선수에게 위험할 수 있는데, 모종삽은 바로 스타팅 블록을 대신하여 땅을 파고 출발 지지대를 만들기 위한 것이다. 스타팅 블록이 만들어지기 전 경기자의 모습이다. 100미터 라인에

줄을 쳐놓은 것도 볼 수 있다. 결승전 장면을 보면 오늘날의 모습과 차이가 있다. 그리고 선수들의 유니폼은 모두가 흰색이다. 이 모든 것이 책에서 발견할 수 없는 생생한 역사의 모습들이다.

좀 더 구체적인 예를 들어 설명해 보자. 만약 중세시대의 체육을 배운다고 가정해보면, 중세시대는 기독교세계관이 지배하고 그 때문에 금욕주의 사상이 일반화되었기 때문에 체육의 암흑기라고 말한다. 과연 중세시대는 체육의 암흑기인가, 혹은 그렇지 않은가 하는 문제의식을 가지고 눈으로 확인할 수 있는 물증자료를 보여주기 위하여 사진을 보여주며 설명할 수 있다. 〈기사 윌리엄〉이라는 영화의 스틸사진이나 혹은 영화를 보여주면 이해가 빨라진다. 이 영화는 중세 기사체육의 모습을 역사학자들의 자문을 구해서 재현해 놓았기 때문에 기사체육의 모습을 생생하게 볼 수 있다.

중세체육은 체육의 부재가 아니라 기사체육이

활발하게 진행되었다는 것을 볼 수 있으며, 마상차경기로 토너먼트, 쥬스트 경기의 모습을 영화를 통해 볼 수 있다. 쥬스트 경기 장면, 득점 장면, 선수들의 모습 등을 생생하게 볼 수 있다. 이 영상을 보게 되면 중세시대에 체육은 활발하게 이루어졌다는 것을 알 수 있다. 그렇다면 왜 중세가 체육의 암흑기라고 하는가에 문제 제기를 할 수 있을 것이다. 그것은 학생들의 지적 호기심을 유발하고 학습동기를 촉발하여 지적 재미를 찾을 수 있게 한다. 영화라는 시각 이미지가 머릿속에서 그려질 수 있다. 하지만 장점만이 있는 것이 아니라 한계가 있다. 영화를 이용하기 위하여 수업시간 전부를 영화를 보는 데 활용할 수는 없다는 점이다. 그렇게 되면 영화로 수업시간을 보낸다는 따가운 시선을 만나게 된다. 적어도 2주에 한번을 영화를 보든가 아니면 영화감상을 과제로 내주면 이 문제는 쉽게 해결될 수 있다. 영화를 보고 수업에 참가해야 집중력이 높고 수

업효과도 크다.

둘째, 논술을 이용한 체육사수업이다. 지금으로부터 2500년 전 서양의 고대스포츠를 배우는 과정에서 로마와 그리스체육, 아테네와 스파르타의 체육을 비교하면서 배우게 된다. 단순 비교가 아니라 학생들의 입장에서 현재의 모습과 비교하여 각각의 장점과 단점을 논술하게 해서 역사가 일종의 자기 모습을 비추는 거울이 되기 위한 역할을 하게 하는 것이다. 체육사는 곧 현재의 체육을 비추어 보게 하는 역할을 한다. 우리가 외출을 하기 위해 아니면 누군가를 만나기 위해 집을 나설 때 거울을 보고 자기 모습을 단정하게 하는 것과 같다. 현재 체육의 현주소를 알기 위해서 과거라는 거울을 보는 것이다. 더 재미있게 하기 위해서 앞에서 제기했던 검투사들과 오늘날 이종격투기 선수가 싸우면 과연 누가 승리할까? 근거를 찾아서 자신의 평가를 하게 하는 것도 좋은 방법이다. 비교 서술하는 논술중심의 수업을 하게 되면 논리와 논술능력을 강화하는 데도 도움이 된다. 예를 들어 그리스와 로마의 체육을 비교하고, 중세는 체육의 암흑기인가 혹은 아닌가에 대한 논술을 하며, 독일·스웨덴·덴마크 체조의 차이와 유사점은 무엇인가 등 지적 호기심을 유발시켜, 학생 스스로 생각하고 정리할 수 있도록 자기 생각을 유도하는 것이 필요하다. 이를 위해서는 비교조사와 더불어 자기 생각을 논술할 수 있도록 해야 한다.

셋째, 토론게임을 이용한 체육사수업이다. 토론은 일종의 논리적인 이성의 싸움이다. 감정적인 싸움이 아니라 합리적인 문제해결을 위한 지적인 싸움이다. 이 싸움에서 승리하기 위해서는 논리만이 아니라 합당한 근거를 제시하는 것이 우선이다. 상대방의 주장과 논리를 잘 듣는 것은 토론에서 승리하는 비결이다. 상대의 논리를 잘 파악하고 근거 있는 주장을 통해서 상대를 설득

시킬 수 있어야 한다.

예를 들어 중세는 체육의 암흑기인가 혹은 아닌가에 대한 토론게임을 유도할 수 있다. 학생들 모두가 중세는 체육의 암흑기라고 알고 있기 때문에 토론게임을 유도하는 것은 쉽지만은 않다. 그렇기 때문에 팀을 임의로 나누어서 서로 상반되는 입장에서 토론하게 하면, 어려운 문제가 되지 않는다. 기존에 갖고 있던 자신의 생각과 상반되는 입장에서 토론게임을 하는 경우가 생기기 때문에 상대편의 입장을 이해하고 거기에 대한 반박 논리와 근거자료를 찾게 된다. 이 과정에서 자신의 주장을 정당화하기 위하여 체육사 자료 찾기라는 공부가 자연스럽게 이루어진다. 경쟁에서 이기기 위해서는 열심히 근거자료를 찾아야 하기 때문이다. 과제로 찾는 것보다는 승리하기 위하여 준비하기 때문에 재미를 더 줄 수 있다. 이러한 과정에서 '중세시대는 왜 체육의 암흑기인가'라는 것에 대한 문제 제기와 함께 암흑기가 아니라는 입장에서도 역사 돌아보기가 가능하다.

③

　지금까지 재미있고, 역사적 상상력을 유발하고 논쟁이 있는 생생한 체육사수업을 위한 몇 가지 사례를 알아보았다. 한 가지 방법만으로 강의를 하기보다는 각 주제의 특성에 맞는 다양한 방법을 찾아서 수업을 진행하는 것이 지루하고 딱딱한 수업의 특성에서 벗어나는 일이다. 그러나 앞에 제시한 사례가 정답일 수는 없다. 그 외에 다양한 방법이 제시될 수 있을 것이다. 수업환경이 너무나 좋아졌다. 동영상은 물론 각종 자료를 이용할 수 있게 되어 약간의 수고를 더하게 되면 학생들에게 재미와 함께 수업목표를 달성하는 데 유용하다. 강의와 발표위주로 한 학기 강의를 끝내기에는 체육사는 아쉬움이 남는다. 교양이 아니라도 어떻게 하면 수업을 재미있게 할 수 있을까? 하는 고민은 사치가 아니라 강의를 하는

입장에서 끊임없이 고민을 해야 할 일이다. 그래
서 '체육사수업, 더 재미있게 할 수 있을까' 하는
문제를 제기하는 것이다. 체육사연구 또한 역사
적 사실에 대한 연구도 중요하지만 보다 좋은
수업을 위한 방법들이 연구되어야 하는 것이 아
닌가 생각한다.

<한국체육사학회보, 제21호, 2011. 3.>

□ 11장

체육사와 인문치료

1

이 글은 체육학의 자연과학 분야가 현실적 기
여와 학문적 성과를 보여주는 분위기에서, 상대
적으로 인문학 분야의 체육사연구가 현실에 어떻
게 기여할 수 있는지 보여주기 위해서 시작되었다.

과연 체육사는 옛날의 지나간 이야기이며, 현
실에 전혀 도움을 주지 못하는 옛날이야기에 불
과한가? 그것도 아니면 추억과 향수를 얻기 위한
공부인가? 모두가 역사는 뿌리를 알기 위해서 필
요하다는 것에 공감하지만 돌아서면 옛날이야기

에 불과하다는 말들을 한다. 옛날에 그랬는데 그래서 어쨌다는 것이냐 하는 질문을 받게 된다. 현실에서 쓸모에 대한 문제제기라고 할 수 있다. 그래서 이 글에서는 체육사의 인문치료 가능성에 대하여 찾아보고 인문치료의 한 방법으로 자기생애사 쓰기에 대하여 알아보았다.

$$\boxed{2}$$

요즘 인문학의 위기에 대한 인문학 분야에서는 자성의 목소리가 높다. 인문학의 위기는 인문학자들의 문제이며 그 원인 역시 인문학자들에게 있다는 지적이다. 학문의 위기가 아니라 어떻게 보면 밥그릇의 문제라는 지적이다. 자연과학에 비하여 연구비가 턱없이 적다는 소리다. 인문학자들은 연구비 없이는 연구를 하지 않으려고 한다. 학문의 특성상 비교가 어려운데도 불구하고 연구비를 비교하려고 한다. 자연과학의 연구비는 인문학의 연구비보다 많다. 현실에서는 인문학의 수요가 늘고 있으며, 인문학 책과 경영자들의 인문학에 대한 관심은 높아만 가고 있다. 하지만 인문학은 현장의 요구를 부응하지 못하고 자신들만의 인문학을 하고 있으며 대중과의 만남과 소통이 필요함에도 불구하고 충족시키지 못하고 있다.

첫째, 과연 인문학은 쓸모가 없는 지적 유희에 불과한 것인가 하는 자성의 목소리가 높다. 체육학의 자연과학 분야는 건강증진·체력향상·기록단축 등을 통해서 학문의 실천적 기여를 보여주고 있지만 정신과학이라고 하는 인문학 분야는 그렇지 못하다. 자연과학은 설명방식을 채택하고 있지만 인문학은 공감과 이해를 요구한다.

이러한 예를 인문치료에서 알아보자. 고통을 치유하기 위해서 상담자에 대한 이야기를 듣고 그것에 공감하고 이해를 함께하는 과정에서 인문치료는 효과를 기대할 수 있다.

체육사수업이 쓸모없다는 지적은 외적 유용성

만을 보기 때문에 나타나는 것이다. 유용성은 내적 유용성과 외적 유용성으로 구분된다. 체육학의 자연과학 분야는 외적 유용성으로 건강증진, 기록단축, 체력향상이라는 가시적 성과를 보여주고 있다. 하지만 내적 유용성을 가지고 있는 인문학 분야는 비가시적 결과(마음치유력, 이해력, 사고력)를 보여주기 때문에 단기간에 결과를 드러내지 못한다.

둘째, 인문학의 내적 유용성은 인문치료에서 그 해답을 찾을 수 있다. 인문치료는 현실적 유용성으로 그 몫을 다하고 있다. 그렇다면 인문학에서 내적 유용성으로 제시하고 있는 인문치료란 무엇인가? 2009년에 강원대 인문과학연구소에 펴낸 『인문치료』라는 책에서 다음과 같이 정의내리고 있다.

"인문치료는 인문학적 정신과 방법으로 마음의 건강과 행복한 삶을 위해 인문학 각 분야 및 연계 학문들의 치료적 내용과 기능을 학제적으로 새롭게 통합하여 사람들의 정신적·신체적 문제들을 예방하고 치유하는 이론적·실천적 활동이다."

몸의 치료가 아니라 마음의 치유이다. 마음의 치유는 인문치료를 통해서 가능하다. 체육에서 체험하는 고통을 창조적으로 승화시키기 위해서는 인문치료가 필요하다. 인문치료의 방법으로 자기생애사 쓰기·구술사·구술생애사 등을 들 수 있다. 이 중에서 자기생애사 쓰기는 역사주체로서 자신의 역사체험을 통하여 자신의 위치를 파악하는 데 도움을 준다.

자기생애사(self narrative) 쓰기를 통하여 고통의 창조적 승화가 가능하고 마음치유와 회복이 가능하다는 얘기다. 학생선수들이 당하는 승부에 대한 강박관념, 물리적 폭력, 정신적 폭력을 치유할 수 있는 길은 자기내면을 성찰하는 것이다. 자아성찰은 구술이나 자기생애사 쓰기에서 이루어진다. 자신의 고통을 있는 그대로 표현하고 타인과 공감하는 과정에서 마음을 치유할 수 있다. 너무 바쁘게 일상을 살아가는 학생선수들이나 운동선수들은 시합을 앞두고 승리에 대한 강한 압박감, 그리고 훈련하는 과정에서 체험하게 되는 고통 등은 물리적 치료만으로 한계가 있고 마음의 치유가 필요하다.

자기생애사 쓰기를 통해서는 선택의 순간에 올바른 선택을 하고, 개념의 명료화, 존재론적 이해, 가치론적 이해, 인식의 변화를 요구하는 상황에서 자신을 성찰할 수 있으며, 자신의 문제를 파악하고 치유할 수 있다.

셋째, 체육사강의에서 학생들에게 도움이 될 수 있는 자기생애사 쓰기를 도입하는 것은 어떨까? 체육학과에 오기까지의 과정과 왜 체육학과를 선택하고 지금 무엇을 준비하고 있으며, 미래에 체육과 관련된 어떤 직업에 종사할 것인가? 아니면 자기생애사를 쓰면서 살아가는 동안 체험했던 고통의 순간을 있는 그대로 쓰면서 자신을 돌아볼 수 있는 기회를 만들 수 있다. 친구들의 생애사를 들어보고 자신의 이야기와 공감되는 문제를 찾아보고, 현실에서 자신의 위치를 이해할 수 있도록 하는 데 기여할 수 있다. 구술이나 자기 생애사를 쓰는 과정에서 요구되는 것은 진정성이다. 어떤 가식이나 형식에 구애 받지 않고 자신의 이야기를 솔직하게 표현하는 것이 인문치유를 가능하게 한다. 누군가에게 보여주기 위한 이야기는 자신에게나 친구들에게나 별 도움이 되지 않는다. 자신의 고통을 친구들과 공감하면서 함께 치유할 수 있도록 하는 분위기를 만들어 주어야 한다.

3

지금까지 체육사와 인문치료, 그리고 자기생애사에 대하여 알아보았다. 체육사는 쓸모없는 고리타분한 옛날이야기를 배우는 공부가 아니라는 것과 마음의 상처를 치유하고 고통을 창조적으로 승화시키는 힘을 배우는 시간이라는 인식의 변화는 자기생애사 쓰기에서 시작된다.

쓸모가 없다고 생각하는 것이 아주 크게 쓸모가 있다는 장자의 '無用之大用'이라는 말이 적용되는 현상이다. 어떤 것에 대하여 쓸모가 없다고 생각하지만 세상에 모든 것은 다 그 쓸모가 있기 때문에 존재한다.

체육사수업에서 자기생애사 쓰기를 통하여 운동선수로서의 삶, 체육과에 진학하는 과정에서 입시체육을 준비하면서 고생한 점 등, 자신의 고통을 친구들과 함께 공감하고 이해하는 시간을 가짐으로써 마음의 상처를 치유하는 효과를 기대할 수 있다. 체육학의 자연과학 분야는 신체적 건강에 유용하다고 한다면, 인문학 분야는 정신적 건강에 유용하다고 할 수 있다.

체육을 통한 건강과 행복한 삶을 만들기 위해서, 마음을 치유하는 인문학으로서 체육사 공부

가 필요하며, 쓸모없다고 말하는 체육학의 자연
과학 전공자들에게 체육사가 왜 필요한가를 보여
줄 수 있는 기회가 될 것이다.

<한국체육사회보, 제22호, 2011. 12.>

12장

우리가 잃어버린 네 가지

　이 땅에서 우리는 무엇을 향해 달려왔고 달려가고 있는가. 빠른 속도로 달려가기 위해서는 브레이크가 필요한데 우리에게는 브레이크가 없다. 브레이크가 없다면 운전자가 위험성을 인지하여 죽음에 대한 두려움으로 빠르게 달릴 수가 없다. 이처럼 우리도 일단 잠시 멈추고 자신이 속한 집단에서 잃어버린 것, 혹은 잃어가고 있는 것에 대하여 점검할 때이다.

　교수들은 승진을 위해서, 학문 후속세대는 교수임용을 위해서 아주 바쁘게 연구와 교육에 빠져서 살고 있다. 너무나 빠르게 달려온 만큼 우리가 잃어가는 것들이 있다. 그것은 너무 당연하게 생각하고 있었기에 좀처럼 무엇을 잃어버렸는지 잘 알지 못하고 있다는 것이다. 구체적인 검토를 통해서 우리가 무엇을 잃어가고 있는가에 대하여 파악해 봐야 한다.

이 글은 우리가 잃어버린 네 가지에 대하여 탐구한다. 잃어버린 것을 회복하지 못하면 영원히 근원(순수)으로 돌아갈 수 없게 된다. 연구와 발표, 그리고 교육을 통해 체육사와 체육철학 연구자들은 만나고 있지만, 정작 우리에게 절실히 필요한 것들은 망각하고 있다. 그 망각은 자기반성 없이 앞만 보고 매진해 왔기 때문이다.

우리가 읽어버린 것들은 학문에 대한 전문성과 현장에 대한 배려. 이 중에서 집중적으로 알아보고자 하는 것은 우리 학계가 잃어가고 있는 것에 대한 것이다. 무엇인가를 잃어가고 있는데 우리는 좀처럼 그것을 인지하지 못하고 있다. 일정한 거리두기를 통해서 다시 한 번 생각해보자.

우리가 잃어버린 것들

우리에게 아주 소중한 것들이 있는데 빠르게 달려오고 달려가고 있기에 좀처럼 그 소중함에 대하여 잘 알지 못한다. 늘 가까이에 있어 왔기에 소중함을 모르는 것과 같다. 당연하게 있어야 할 것이 어느 날 보이지 않을 때 우리는 무엇인가를 잃어가고 있다는 것을 새삼 깨닫게 된다. 그래서 무엇을 잊고 있는지에 대하여 한번 생각해 보게 된다. 우리가 잃어버린 네 가지는 논쟁, 비판, 성찰, 인정이다.

1. 논쟁

우리는 논쟁을 잃어가고 있다. 논쟁이 없다는 것은 학문적 진보를 말하기 어렵다. 논쟁을 통하여 학문은 발전할 수 있다. 체육학 내 다른 학문과 체육사와 체육철학의 차이는 논쟁이다. 관점에 따라서 다른 해석과 주장, 이론을 가져올 수 있기 때문에 논쟁이 꼭 필요하다. 체육사와 체육철학이 논쟁을 필요로 한다는 것은 학문적인 존재이유 중 하나이다. 그럼에도 불구하고 논쟁을 피하는 이유는 한국적 정서와 체육문화 때문이라고 할 수 있다. 연구자가 많지 않은 곳에서 감정적 대립을 하지 않고 좋은 것이 좋다고 생각하여 긍정적 관계만을 유지하려고 한다. 그 이유는 논쟁이 학문적 논쟁이 아니라 결국에 감정적 대립으로 끝나기 때문이다.

> 싸움이 없는 학문공동체와 논쟁이 없는 학문공동체는 더 이상 학문공동체가 아니다. 점잖은 말투와 온화한 미소로서 서로 주고받는 명함만으로 유지될 수 있는 세계는 학자들의 세계가 아니다. (교수신문, 2013. 8. 26.)

적어도 학자의 태도는 논쟁을 적극 참여하여 자신의 입장과 의견을 개진하는 것이다. 학문권력에 도전하고 진리를 향해 치열하게 논쟁하는 것이 필요하다. 현실은 수직적 인간관계에서 몸을 사리고 있는 형국이기에 논쟁다운 논쟁을 찾아보기 어려운 안타까움이 있다.

　문제는 실명이 가려진 논문심사에서 상대에게 가하는 폭력은 무시할 수 없을 정도이다. 자신의 입장과 다르다고 가하는 게재불가는 폭력의 다른 이름이다. 앞에서 논쟁을 하기보다는 보지 않는 곳에서 논쟁이 아닌 비난을 하는 경우가 흔한 일이다. 논쟁은 만나서 하는 것만이 아니라 논문을 통해서도 가능하다. 어떤 발표에 대해 자신의 견해를 제시하는 것은 논쟁의 시작이다. 논문을 통해서 다양한 논쟁이 가능하다. 문제가 무엇인지를 파악하고 개선하려는 의지만 있다면 가능한 일이다.

2. 비판

　우리 학계는 비판(질문)을 잃어버리고 있다. 좋은 것이 좋다고 서로 인상을 찌푸리는 일이 없도록 알아서 비판 없는 칭찬만을 한다. 서로 원수가 될 이유가 없다고 생각하고 있다는 증거이다. 좋은 관계만을 유지하면 서로 나쁜 일이 없을 것이라는 생각을 가지고 있다. 하지만 비판을 통해서 발전을 할 수 있다. 발표를 듣고 비판을 해준다면 그것보다 더한 감사함이 없다. 불완전한 논문을 수정과 보완을 통해서 완성해 갈 수 있기 때문이다. 대안 없는 비판과 비판 없는 대안이 있을 수 없다. 비판을 위한 비판은 서로에게 도움이 되지 않는 공멸하는 비판이다. 비판은 문제를 제기하고 그 문제에 대한 논의와 보완하는 과정에서 더 완벽한 논증과 구조를 만들어 갈 수 있다. 완벽한 이론과 논증, 주장이 있을 수 없는 만큼 지위를 뛰어넘어 학문의 장에서 치열하게 비판을 할 수 있어야 한다. 학술발표회에서 비판이 사라지면 학문적 진보를 기대할 수 없다.

학술대회나 세미나를 관찰해보면 별 질문이 없다는 것을 발견할 수 있다. 발표를 해도 질문이 없기 때문에 사람들의 호응을 알아보기 어렵

다. 하나의 행사, 사교모임 정도에 불과하여 형
식적으로 발표하고 마치는 것인지 의문이 들기도
한다. 어떻게 보면 질문은 발표자에 대한 일종의
감사의 표시인데, 그 감사의 표시를 잘하지 않는
다. 다른 한편에서 보면 배우려고 하지 않고 가
르치려고만 한다는 것이다. 질문이 없다는 것은
발표가 너무나 완벽해서 더 이상 토를 달 필요
가 없다는 것인지 아니면 내용을 이해하지 못해
서 질문을 하지 못하는 것인지 명확하지 않다.
아니면 질문을 하고 싶은데 분위기에 눌려서 질
문을 하지 못하는 것인지 알 수 없다. 학문은 말
그대로 배우고 질문하면서 발전하는 것이다. 질
문이 없는 것도 문제지만 발표내용에서 벗어나는
아부와 자기과시, 훈시하는 형태의 질문은 하지
않는 것이 더 좋다.

3. 성찰

우리가 잃어버린 것 중에 또 하나가 자기성찰이 없다는 것이다. 성찰이 없다면 우리가 우리자신에 대한 객관적 평가를 하는 것은 불가능에 가깝다. 그 결과 자신의 연구역량을 확인할 수 없을 뿐만 아니라 발전 가능성 또한 찾을 수가 없다. 발전하기 위해서는 자기성찰이 우선적으로 요구된다. 그 성찰을 바탕으로 잘못된 것을 고치고 정정해 나갈 수 있다. 어떤 것에 대한 성찰이 있고 난 후에 발전이 따라온다. 성찰을 하지 않고 자신의 연구가 무엇이 문제인가를 파악하지 못한다면 반복적인 실수가 계속될 수 있다. 칭찬에 익숙하게 되면 자기 착각에 빠지기 쉽고, 반성과 자각이 없이는 자기체면에서 벗어나기 어렵다. 착각에서 벗어나는 길은 일정한 거리두기를 통한 자기반성이다.

학문적 성취를 위해서는 우선적으로 자기반성이 있어야 한다. 그래야만 발전 가능성이 있다.

반성하지 않고 성장을 기대하기는 어렵다. 반성이 없다는 것은 발전을 향한 시작조차 할 수 없다는 것을 의미한다. 스포츠인문학은 그 자체의 자기성찰이 필요하다. 왜 학생들이 체육사, 체육철학을 회피하거나 재미가 없다고 할까? 우리는 체육학 내에서 무엇을 할 수 있는가에 대한 진지한 반성이 있어야 한다. 쓸모없는 학문을 하고 있지는 않나, 자기만족을 위한 연구만 하고 있지는 않나. 그런 반성이 없이 학생들의 수준을 탓하거나 인문학의 죽음을 말하는 것은 발전에 도움이 되지 않는다. 적어도 문제는 자신에게 있다는 자기 성찰이 절실하게 요구된다.

4. 인정

학문은 동료학자의 비판과 인정을 통해서 발전한다. 소수의 연구 집단에서 연구자에게 힘을 실어줄 수 있는 것은 연구의 성과에 대한 평가이다. 만약 연구자가 훌륭한 연구결과를 발표했다면 그것에 대한 인정과 지지가 있어야 한다. 하지만 현실은 스포츠인문학을 연구하는 집단에는 인정과 지지가 없다. 같은 연구자의 학문적 성과에 대하여 인정을 해주고 배우려는 자세가 부족하다는 것을 의미하기도 한다. 연구를 할 때 우선적으로 하는 것은 선행연구의 검토이다. 관련주제에 대한 선행연구의 성과를 인정하는 것이 좀 더 발전된 연구를 하기 위한 과정이다. 그런데 연구자의 이해관계에 의해서 선행연구를 검토하지 않거나 관련 연구에 대한 인용을 하지 않는 경우가 종종 있다. 그것은 타자를 인정하지 않고, 배우려 하지 않고, 가르치기만 하려는 마음 때문이다.

논문의 심사와 게재에 관하여 정치적 이해관계가 영향을 미치면 안 된다. 연구에 직접적으로 관련된 논문에 대한 인용을 하지 않고 배제해버리는 경우가 있다. 반면에 연구와 관련성이 없는 논문들이 참고문헌에 제시되어 있는 경우도 흔하다. 본문에서 인용한 문헌만 참고문헌에 제시해 주는 것이 상식이며 표절에서 벗어나는 길이다. 엄밀한 검토를 통해서 동려의 학문적 업적을 인정하고 그것에 대하여 인용하고 그 사람에 대한 인정이 있어야 한다. 아직 우리에게는 있는 그대로 학문적 성과를 인정하고 표현하는 문화가 익숙하지 않다. 잘 인정하려고 하지 않는 문화가 일상화되어 있기 때문이다. 우리는 서로 인정을 하고 치열하게 연구를 하면 그것으로 충분하다. 헤겔이 말한 인정투쟁(recognition struggle, 認定鬪爭)에서 우리는 인정받기 위해 그 많은 고독한 시간과 싸움을 하고 있지 않은가.

맺음말

우리가 잃어버린 네 가지에 대하여 알아보았다. 너무 앞만 보고 달려왔기 때문에 우리는 자신의 문제에 대하여 인지하지 못하고 있었다. 그동안 우리는 논쟁·비판·반성·인정을 잃어버리고 있었다. 스포츠인문학이 발전하기 위해서 이 네 가지가 절실히 필요함에도 불구하고 현실은 좋은 것이 좋다고 자신의 관심분야에 국한하여 연구할 뿐 다른 관심은 배제하여 왔다. 그 결과 다른 사람에 대한 관심과 학문적 호기심은 현저히 떨어지게 되었다. 논쟁이 없는 학문은 발전가능성이 희박함으로 어떤 이론과 주장에 대한 관심과 반론, 비판이 제기되어야 한다. 하지만 현실은 그렇지 않다. 그냥 자기만족을 위해 연구하고 논문만을 쓰고 있다.

나와 다른 타자의 비판과 논쟁을 열린 마음으로 수용하고, 그것에 대하여 재반론하는 과정을 통해서 학문적 공감대는 형성되고 발전을 기대할 수 있다. 자기 논문에 대한 비판을 적극적으로 수용(인정)하고 논문에 반영하면 더 완성된 논문을 작성할 수 있다. 경계해야 할 것은 논쟁과 비판과정에서 논문 그 자체에 대한 비판이어야지 사람의 인격, 태도에 대한 비판은 삼가야 한다.

인간은 감정을 가지고 있기에 감정을 다스리고 논문 그 자체에 대한 비판과 논쟁을 해야 문제가 없다. 문제는 논문이 아니라 인간을 비판하기 때문에 감정싸움으로 바뀌게 된다. 격렬하게 논쟁하고 비판하며, 자신에 대하여 반성하고, 인정할 것은 인정해야 한다. 그렇지 못할 때 우리는 공멸할 수 있다.

<한국체육사회보, 제26호, 2013. 12.>

제3부

13장

반값 심사비

1

대학생들에게 있어 최대 관심사는 반값 등록금이다. 등록금이 1년에 1,000만 원에 가까워지기에 감당하기에 너무 벅차다. 한 집에서 두 명이 대학을 다닐 경우 보통 가정에서 감내하기 힘든 일이다. 그래서 둘 중에 한 명은 군대에 가거나 휴학을 하는 경우가 생긴다. 학생들은 등록금을 마련하기 위해서 방학은 물론 학기 중에도 분주하게 아르바이트를 한다. 돈이 없기에 다음 학기를 장담할 수 없기 때문이다. 벌어서 대학을 다녀야 하는 입장에서 공부만을 전념하기가 어렵

다. 따라서 등록금을 마련하기 위해 일을 해야
하는 악순환이 벌어진다. 공부와 일을 병행하는
어려운 생활을 4년 동안 해야 하는 현실은 젊은
세대에게 고통이라고 할 수 있다. 그래서 학생들
이 생존권 보장차원에서 반값 등록금을 제기하는
것이다. 과거는 민주화를 위해서 학생들이 시위
를 했지만 지금은 현실적인 반값 등록금 투쟁에
목을 매는 것이다.

2

대학생만 힘든 것이 아니라 대학교육의 절반
을 책임지고 있는 시간강사들도 경제적 고통에서
자유로울 수 없다. 부모를 잘 만나 경제적 여유
가 있다면 문제가 없겠지만 강의료만을 가지고
생활하는 시간강사들 역시 힘이 든다. 더구나 방
학에는 강의료를 받지 못하기 때문에 학기 중에
열심히 벌어놓은 돈을 쓰고 버티는 것이다.
문제는 적은 강사료를 가지고 생계를 유지해

야 하는 데 논문에 들어가는 돈이 너무 많다는 것이다. 대학에 임용되는 과정에서 요구되는 것은 강의경력과 연구업적이다. 연구업적을 쌓기 위해서는 심사비와 게재비가 들어간다. 주변 체육학계를 보면 심사비가 6만 원에 게재비가 20만원이 넘어가고 있다. 보통 논문 1편을 투고하는데 들어가는 비용은 30만 원이 넘어간다고 보면된다. 주 3시간 강의를 하고 받는 강사료가 48만원이라면 논문 한 편 게재하려면 한 달 강의료가 모두 들어간다. 돈이 없으면 논문투고도 어렵게 되었다. 그래서 반값 심사비와 반값 게재비를 말하는 것이다.

심사 결과를 받아보면 심사비가 아깝지 않다는 생각을 할 때보다는 심사결과에 수긍할 수 없는 부분이 있다. 심지어 어떤 경우에는 논문을 읽어보지 않고 심사한 것 같은 의구심을 낳기도 한다. 물론 학문의 특성상 심사자의 자의적 판단이 많이 작용한다. 이 때문에 제대로 된 심사결과를 받기가 생각보다 쉽지 않다. 평소에 좋지 않은 감정이 있다면 그대로 논문 심사에 드러난다. 자신의 생각과 다르다고 게재불가를 판단하는 행위도 발견된다. 게재불가의 근거가 분명해야 하는데 근거가 미약하다. 도움을 받을 수 있는 내용은 눈곱만큼도 찾을 수가 없다. 오탈자라도 상세하게 지도해 준다면 심사비 6만 원은 그 고마움에 반에 반도 되지 않는다. 고마움에 절로 "감사합니다."를 연속하여 말할 수 있다. 하지만 시간강사로 가족의 생계를 부양해야 하는 입장에서 심사비 6만 원은 거금이다. 그것도 게재불가가 되면 허탕이다. 논문 1편을 게재하기 위해서 심사비가 생각보다 많이 들어간다. 게재비는 목돈이 필요한 부분이다. 교수라면 학교에서 논문게재 장려비와 연구비, 게재비를 일부 지원받을 뿐만 아니라 잘만하면 목돈을 만질 수 있는 기회이기도 하다. 교수들에게 게재비는 문제가 되지 않지만 문제는 시간강사와 박사과정 대학원생의 경우이다. 이러한 상황이다 보니 게재비를 아끼고 좋은 인간관계와 지속적인 강의를 위해서 공동연구를 하게 된다. 공동연구는 말이 공동연구지 논문 쓰는 사람은 한 사람인데 저자로 이름을 올리는 경우가 많다. 이런 논문은 경제적 식민과 정치적 식민으로 학문적 주체성을 찾기 어렵게 만든다.

물가 상승으로 심사비와 게재비를 자꾸 올리는데 시간강사인 우리는 눈치만 보고 침묵만을 유지한다. 대들 수도 없다. 건방진 놈이라는 칼날이 날아오면 앞날이 어둡다. 모든 것을 내려놓고 대들고 합리적 해결책을 찾아보려고 하지만 학문권력의 벽을 넘어서기가 좀처럼 어렵다. 인접학회지에서 심사비와 게재비를 올리면 동반 상승하기는 것이 체육계이다. 이제는 유전게재가 되고 무전게재불가가 되는 시절이 점점 다가오고 있다. 시간강사의 입장에서 심사비와 게재비 걱정 없이 논문을 쓸 수 있는 좋은 시절은 기대하지만 그 기대는 희망일 뿐 현실에서 점점 멀어지고 있다.

답은 하나이다. 논문을 쓰지 말아야 한다는 것이다. 왜냐하면 논문은 '돈 먹는 하마'라고 할 수 있기 때문이다. 차라리 논문을 쓰지 않으면 돈이 들어가지 않는다. 절필을 해야 할 것 같다. 아니면 폐업을 하고 살길을 찾아 나서야 할 것 같다. 체육계에서 심사비와 게재비가 없는 학술지는 체육과학연구원에서 발행하는 『체육과학연구』가 유일하다. 아니면 비등재지로 대학 연구소에서 발행하는 논문집이 전부이다. 발표할 곳이 있다는 것은 그나마 학자로서 다행이다.

우리사회 모든 곳에서 교수와 강사를 구분하고 있다. 학술대회에 등록하는 데에도 교수와 강사를 구분하여 등록비를 받는다. 그런데 학회지 심사비와 게재비는 교수와 강사의 구분이 없다. 어떻게 보면 등록비보다 심사비와 게재비에서 배려를 해 주어야 하는데 전혀 배려가 없다. 동일하게 취급한다. 이러한 현실에서 시간강사를 위해서 반값 심사비와 반값 게재비를 정했으면 하는 문제 제기를 하는 것이다. 대학생도 반값 등록금 투쟁을 하고 있을 때 시간강사들도 반값 심사비와 게재비를 위해 대동단결하여 투쟁을 하면 좋을 것 같다는 희망사항일 뿐이다.

시간강사는 학문후속세대로서 체육학의 미래이다. 미래 세대를 위해서 배려할 수는 없는지 생각만 하고 있다. 실천하지 못하는 지성은 죽은 지성이라고 한다. 반값 심사비는 나만의 생각일까 아니면 공감할 수 있는 내용일까. 개인차가 존재하기에 단정을 지을 수 없다. 어디다 얘기할 곳도 없기에 이 지면을 빌어 한 번 제안해본다.

3

반값 심사비와 게재비가 어렵다면, 대안은 하나이다. 온라인 상태의 논문집을 발행하는 것이다. 오프라인 학회지는 출판비용이 많이 들어가기에 연구자들이 발행비용의 일부를 부담하여 출판을 하고 있다. 온라인학회지를 발행하게 되면 학회지를 따로 보내는 발송업무도 필요 없고 그 비용도 절약할 수 있다. 학회지 발행에 들어가는 비용을 최대한 절약할 수 있다. 그렇게 되면 학회의 운영에 필요한 자금은 최소한으로 운영이 가능하다.

지금 모든 학회지는 온라인에서 찾아볼 수 있다. 그리고 매년 2회의 학술대회는 학술대회를 주관하는 학교의 재정적 후원을 받아서 진행하면 된다. 반값 심사비와 반값 게재비의 정답은 다른 데 있지 않다. 온라인 형태의 학회지를 발행하면 된다. 온라인에서 다운받아서 논문을 보기에 편리하므로 굳이 논문집 종이책 발행은 불필요하다고 생각된다. 학회지를 읽지도 않는데 공간만 차지하므로 온라인 학회지를 한 번 생각해 봐야 한다.

<용인대학교 무도연구소지, 제24집 2호, 2013. 12.>

14장

투명논문 혹은 밀실논문

1

학회지를 읽다 보면 다른 논문에 비하여 논문의 수준이 현격히 떨어지는 논문을 읽게 된다. 어떻게 학회지에 실렸을까 하고 의문을 가지곤 한다. 동일한 학회지에 게재되었다고 모두 같은 논문이 아니라는 것을 새삼 깨닫게 된다. 누가 심사하느냐에 따라서 게재되거나 게재되지 않는 일이 생긴다면 그것은 문제가 있다. 전문성이 있는 심사자라면 누가 심사해도 결과는 비슷해야 한다. 심사결과가 비슷하지 않고 격차가 심하게 나는 것은 전문성이 그만큼 떨어진다는 것을 의미한다. 학회지의 질은 곧 학문의 질이며 학문의 질은 학자의 전문성과 같다. 학회가 처음 시작할 때는 실을 논문이 없어 원고를 부탁하면서 학회지를 만들던 때가 있었다. 지금은 실리고 싶어도 실릴 수 없는 경우가 되었다. 그만큼 많은 연구물이 쏟아져 나오고 있다는 증거이다. 그 이유는 학자들의 연구의욕도 있겠지만 교수연구업적이 대학평가에 반영되기에 대학들이 교수들을 독려하여 연구하도록 하는 분위기 때문이다.

2

대학평가와 관련해서 대학들이 교수들에게 연구실적을 요구하면서 자의반 타의반 연구논문을 발표하게 되었다. 그 결과 많은 학회지가 생겨나고 학회지 중에서 질을 구분한다고 등재(등재후보)학회지와 외국저널(SCI)에 등재된 학회지를 높이 평가하는 구조로 바뀌었다. 무조건 어떤 학회지

에 논문이 실리느냐에 따라서 논문의 질이 평가
되는 세상이 되었다. 자신의 전공분야를 대표하
는 전문학회지로 보통 한국연구재단의 등재와 등
재후보지를 든다. 이들 학회지는 해당 분야의 전
문성을 대표하기에 연구자들은 이 학회지에 게재
하려고 한다. 그 결과 전통을 가지고 있지만 등
재지가 못된 학회지들은 실릴 논문이 없어서 지
인들의 논문을 모아 학회지를 만들고 있다. 과거
에는 투고만 하면 모두 실리는 구조였다. 이런
사정을 잘 알고 있었기에 읽는 사람이 논문의
질을 판단하면서 읽었다. 하지만 지금은 엄격한
심사과정이 있기에 심사자들이 심사를 통해서 학
회지에 실릴 논문을 평가하기에 과거보다 수준이
높은 논문들이 실리게 되었다. 그만큼 연구수준
이 높아졌고 학회에 투고하는 논문이 많아졌다는
얘기다.

학회지에 투고해서 논문집에 실릴 때까지 과
정을 한번 살펴보자. 정상적인 방법을 통해서 학

회지에 게재된 논문을 투명논문이라고 한다. 학회에서 익명성을 전제하고 3인의 심사자에게 의뢰에서 심사결과를 받고 있다. 심사결과는 게재가, 수정 후 게재가, 수정 후 재심사, 게재불가로 구분하여 평가된다. 투명논문은 이러한 단계를 거쳐 학회지에 게재됨으로 이후에 논문의 질과 평가의혹에 관련하여 아무런 문제가 제기되지 않는다. 이미 여러 번의 단계를 거쳐서 심사를 받았기 때문에 완성도가 높다고 하겠다. 하지만 문제가 되는 논문은 밀실논문이다. 심사과정에 대하여 잘 알고 또한 누가 심사자라는 것을 알아 부탁을 통해 실리게 되는 논문을 밀실논문이라고 한다. 밀실논문은 심사를 거치지 않고 실리는 경우와 형식적인 심사과정을 거쳐 실리게 되는 경우로 나눌 수 있다. 문제는 부실한 심사과정을 거쳤기에 논문의 완성도가 떨어진다는 것이다.

정상적인 심사과정이 생략되면 문제가 있을 수 있다. 학회지의 질이 곧 그 학문의 수준을 대변하기에 엄격하고 투명한 심사과정을 거쳐야 한다. 밀실논문으로 학회지에 게재되는 것이 중요한 것이 아니라 논문의 질이 떨어지기에 항상 불안감을 가질 수밖에 없다. 하지만 투명논문은 게재불가 판정을 받아 게재를 할 수 없어도 게재불가 근거를 바탕으로 수정하여 다음 논문집에 투고하여 완성도가 높은 논문으로 게재할 수 있다. 시간이 문제이다. 그렇게 되면 완성도가 높아서 인용지수가 높은 논문으로 동려학자와 후학들에게 참고자료로 활용되고 학문적 기여를 할 수 있다. 이러한 사항을 잘 알고 있어도 시간이 부족한 경우 밀실논문이 게재될 수 있다. 승진이나 임용을 위해 필요하기에 당장 부탁을 해서 논문집에 게재만을 고려하기에 나중을 생각하지 않는다. 한번 게재된 논문은 나중에 문제가 많아 삭제하고 싶어도 특별한 경우가 아니면 삭제할 수가 없다. 특별한 경우라는 것은 표절로 밝혀질 경우이다.

밀실논문 때문에 정상적으로 투고한 논문이 논문집에 실리지 못하는 경우가 발생할 수 있다. 그 이유는 게재율에서 찾을 수 있다. 한국연구재단 등재지 수준을 유지하기 위해서 적어도 50% 정도 이하의 게재율을 유지해야 하는 구조적인 문제가 있기 때문이다. 심사가 생략되거나, 형식적인 심사를 거쳐 게재되는 밀실논문 때문에 투명논문으로 정상적인 심사과정을 거친 논문이 피해를 볼 수 있다. 자신의 논문을 싣기 위해서 다른 논문을 게재불가 시킬 수 있는 개연성 또한 무시할 수 없다. 누군가의 논문이 실리지 말아야 자신의 논문이 실릴 수 있기 때문에 학문권력을 가진 입장에서 자신의 논문을 살리고 그 밖의 논문을 죽이는 결과를 가져올 수 있다.

학회지 논문은 동업자라는 의식을 가지고 학자적 양심에 입각해서 희망과 도움을 줄 수 있는 심사가 되어야 한다. 그렇지 않고 투고자가 좌절하고 절망하는 심사를 하게 되면 도움이 되지 않는다. 대학원생의 논문이라도 학문 독려의 논문으로 봐서 도움을 줄 수 있어야지 학회지가 살 수 있다.

학회지가 살 수 있는 또 다른 방법은 심사자와 투고자는 동업자라는 인식이다. 심사자가 투고자가 될 수 있고 다음에 반대로 투고자가 심사자가 될 수 있다. 그렇기 때문에 서로 동업을 하는 동업자라는 인식이 있어야 한다. 심사를 한다는 것은 학자적 양심과 학문권력으로부터 자유로운 자율적인 평가가 따라주어야 한다. 이해관계와 학문권력의 눈치를 보는 것은 동업자의 모습이 아니다. 동업 또는 공생이라는 말은 학문의 수준을 높이고 발전시키는 데 필요한 요소이다. 상황에 따라 논문심사 내용이 바뀐다면 그것은 더 이상 학자가 아니다. 정치꾼일 뿐이다. 논문심사는 완성도를 높이는 측면에서 도와줄 수 있어야 한다. 심사자는 투고된 논문을 자신의 논문이라고 생각하고 논문심사를 한다면 투고자에게 도움을 주는 논문심사가 될 것이다. 게재불가를 위한 심사는 학회지와 학문을 자멸하는 행위이다. 분명한 이유 없이 게재불가를 하거나 이유가 있지만 수정할 수 있는 부분을 가지고 게재를 불가 시키는 것은 상호 간의 시간낭비이다. 다음에 입장이 바뀌면 반대로 수정만으로 게재가 가능한 논문을 게재불가 시킬 수 있다. 자신의 논문이 게재불가를 당했기에 화풀이로 다른 논문을 게재불가 시키는 것은 서로 불신을 높이고 학회를 망치는 일이다. 학회지가 전문연구자 몇 명만의 학회지가 된다면 학문의 성장을 기대할 수 없다. 젊은 후학들의 논문이 게재될 수 있도록 많은 지도와 도움이 필요하다. 그들에게 절망하는 심사결과보다는 게재불가를 받아도 용기를 잃지 않고 더 완성도 높은 논문을 쓰게 한다면, 학회지와 더불어 학문수준이 향상되고 학문공동체가 공생하게 된다.

학문공동체는 공생하는 집단이다. 누가 희생하

고 누구는 득을 보는 것이 아니라 다 함께 도와 가며 살아가는 집단이다. 이런 집단을 유지하기 위해서는 투명하고 공정한 심사과정을 거쳐 추호의 의심이 들지 않는 논문들이 학회지에 실려야 한다. 학문공동체 밖에서 누군가 지켜보고 있다는 것과 학문후속세대들이 지켜보고 있다는 것을 한시도 잊어서는 안 된다. 선배학자들은 후배를 무서워하고 후배학자들은 선배를 무서워하는 분위기에서 좋은 연구논문이 발표될 수 있다. 무조건 투고가 아니라 엄정된 논문을 학회에 투고하고 평가를 받아야 한다. 그 평가를 통해서 자신의 학문 수준을 인지하고, 더 노력해야 한다는 것을 깨달아 분발한다면 학문은 성숙하게 될 것이다. 무서운 사람이 주변에 있어야 한다. 칭찬도 좋지만 쓴 소리도 하고 서로 견제할 수 있어야 한다. 그래야 학문의 질이 높아질 수 있다.

무서운 눈이 있기에 조심해야 한다. 가수는 명성이 아니라 노래를 통해서 실력을 확인할 수 있듯이 경마에서 기수는 말을 타야 기수이다. 말을 타지 않는 기수는 이름만 기수이다. 학자는 논문으로 말한다. 학자가 논문을 쓰지 않는다면 더 이상 학자가 아니다. 왜냐하면 그것은 연구를 하지 않기 때문이다. 이 말은 가수는 계속 노래를 불러야 하고, 학자는 계속 연구를 해야 한다는 뜻이다. 또한 우리는 논문조급증에서 벗어날 필요가 있다. 논문의 완성도가 높으면 게재가 되는 것이고 미급하면 다음호에 실리면 된다. 너무 조급하게 실려야 한다는 생각 때문에 밀실논문들이 나타나게 된다. 논문쓰기를 즐기다 보면 자연적으로 좋은 결과를 낳는다.

<한국체육사학회보, 제24호, 2012. 3.>

15장

심사의 성찰

1

학회지를 출판하는 과정에서 심사는 빠질 수 없는 과정의 일부분이다. 어떻게 보면 질 높은 학회지를 만들기 위한 과정일 뿐 아니라 출판과 정에서 거쳐야 할 단계이다. 심사라는 과정 없이 는 어떠한 학회지도 일정하게 높은 질을 유지할 수 없다. 심사는 게재와 게재불가를 위한 판정의 단계라기보다는 투고자가 볼 수 없는 논문의 문 제점을 심사자가 지적하고 수정하여 좀 더 완성 된 논문을 함께 만들어 가는 일이다. 궁극적으로 투고자와 심사자의 공동 연구라고도 할 수 있다. 연구자가 보지 못한 사항을 심사자에 의해서 확인될 수 있기 때문이다. 아무리 뛰어난 연구자도 자신의 눈으로 볼 수 없는 한계를 가질 수밖에 없다. 그렇기 때문에 논문심사는 필요하다. 심사는 형식이 아니라 검증이기 때문에 논문심사를 할 때 반드시 고려되어야 할 사항들이 있다.

2

첫째, 심사는 권력 행사가 아니다. 심사자의 선정에서 우선시 될 것은 비밀을 보장할 수 있는가이다. 객관적으로 심사를 할 수 있는가. 자신의 생각과 다른 의견을 가졌다고 게재 불가를 시키지 않는 사람이 심사자로서 자격을 갖는다. 심사자는 판사의 권력과 같은 힘을 행사해서는 안 된다. 그 외에 심사 내용도 편집실 이외로 빠져나가서는 안 된다. 우리가 경계해야 할 일은 자신의 실력을 과시하는 차원에서 심사를 하는 것이다. 자신의 능력으로 심사가 곤란할 경우에는 심사를 하지 않는 것이 필요한데 자신의 능력을 과도하게 인정하고 심사를 하는 데 문제가 생겨난다. 자신의 권위를 드러내는 심사는 학회지 수준을 유지하거나 높이는 데 별 도움이 안되고 역행하는 일이다.

둘째, 동업자 정신이 부족하다. 연구자 자신의 논문에 대해 아무리 완전한 논문을 작성하여도 자신이 볼 수 없는 문제점이 있을 수 있다. 제3자의 입장에서 수정과 문제점을 알려줄 수 있다면 보다 질 높은 논문이 만들어질 수 있다. 이는 심사위원들이 동업자 정신을 살려서 학회지의 수준을 유지하는 일이다. 자신의 논문을 고치는 마음으로 논문을 심사한다면 그만큼 질이 높아진다. 오탈자 하나라도 정성을 다해서 내용을 수정하는 것이 우리에게 필요하다. 성의 있는 논문심사가 바로 학회지의 등급을 결정하는 요건이 된다. 성의 없이 대충하는 심사는 학회지의 질을 떨어뜨리며 연구자에게 상실감을 줄 수 있다.

셋째, 게재 불가율을 높이는 것이 최선은 아니다. 학회지의 게재 불가율을 일정하게 유지하기 위하여 게재불가를 인위적으로 하는 경우가 종종 있다. 그러다 보니 어떤 논문은 별문제가 없어도 게재불가를 당하는 일이 생긴다. 논문의 요건이 도저히 수정해도 게재하기 어려운 경우를 빼고서는 수정을 통하여 다음 논문집으로 게재를 연기하여 보다 완전한 논문으로 만들어질 수가 있다. 하지만 이를 무시하고 게재불가 사유를 명시하는 것이 필요하다. 그런데 문제는 명백한 이유 없이 게재불가를 시키는 일이다. 특히 사적 감정이 개입된 논문심사는 심사결과를 보는 사람에게도 확연히 드러난다. 근거 없는 게재불가는 연구자에게 의욕상실을 가져올 뿐만 아니라 감정을 상하게 한다. 그렇기 때문에 단지 개인의 감정을 억제하고 학자적 양심이라는 객관성을 유지하는 일이 필요하다.

넷째, 심사내용은 함구해야 한다. 알아서 좋을 것이 없다. 인간관계가 논문 평가에 개입되지 말아야 자신의 논문의 질을 높일 수 있다. 누구의 논문이라고 해서 관대해서는 안 되고 대학원생의 논문이라고 해서 함부로 평가하는 태도는 사라져야 한다. 자신이 심사하는 내용이 아주 친밀한 사람의 논문이라면 심사를 포기하는 것이 학자의 양심을 살리는 일이다. 심사 논문의 저자를 알고 심사하는 것은 객관성을 유지하기가 좀처럼 어렵다. 그만큼 다른 심사자에게 심사를 넘기는 것이 자신의 양심을 지키는 일이다. 그렇지 않다면 대인관계에 의한 형식적인 심사가 될 공산이 높다. 이러한 경우가 쌓이다 보면 학회지의 내용은 부실해지고 학회지의 등급 또한 하락할 수 있다. 이를 경계해야 한다.

3

이상에서 학회지의 심사는 곧 학회지의 질과 관계가 있다는 것을 알아보았다. 학회지의 질은 심사에 의해 게재된 논문을 확인하면 바로 알 수 있다. 철저한 학회지 심사와 심사의 공정성을 유지하는 것이 등재지라는 등급을 유지하는 하나의 방법이다. 학회지 심사위원의 엄정한 선정을 통해서 동업자 정신으로 보다 질 높은 심사를 위한 노력이 그래서 필요하다. 그런 가운데서 학회지의 질은 자연적으로 유지되고 발전할 수 있다. 심사자와 투고자의 입장은 언제든지 바뀔 수 있기 때문에 심사자는 자신의 역량을 모두 발휘하여 좀 더 완성된 논문이 되도록 도움을 주는 것이 필요하다. 학회지의 게재불가율이 높다는 한 가지 사실만으로 질 높은 학회지라는 착각은 금물이다. 수정과 보안을 통해서 학회지는 만들어지기 때문에 학회지를 심사하는 과정에서 꼭 위에서 제시한 사항을 확인하고 넘어가야 한다.

특히 액수가 큰 연구비에 관련된 심사를 할 경우 공정한 심사를 하는 것이 심사자의 양심을 지키는 일이며, 학문의 발전에 기여하는 일이다. 개인적인 친분이나 외부의 압력에 의하여 심사를 한다는 것은 학자의 양심과 자격을 상실하게 하는 일이다.

<한국체육철학회보. 2009. 12.>

16장

관점의 차이

심사자가 연구자와 관점(생각)이 다르다고 게재 불가를 시키는 행위는 학자적 양심에 벗어나는 비학자적 행위라고 생각한다. 철학은 자유정신을 강조한다는 점에서 어떤 사실과 주장에 대한 다양한 사고를 할 수 있다는 장점을 가지고 있다. 자신(심사자)의 생각과 다르다고 일방적인 칼질을 하는 행위는 철학적이지 못한 행위이며 비학자적 행위이다. 이런 일들은 너무 많아서 더 이상 문제도 되지 않는다. 이의 제기를 하려고 해도 이 세계를 떠나지 않으려면 참는 게 좋다고 주위에서 이구동성으로 말한다.

심사결과를 살펴보면, 게재불가를 전제하고 그 근거를 궁색하게 제시하고 있는 것 역시 따지고 보면 크게 문제가 되지 않는다. 만약 논리적으로 문제가 있다면 수정할 기회를 주면 충분히 고칠 수 있는 부분이다. 그 기회조차 주지 않으면서 게재를 불가하는 것은 권력남용이며 폭력행위이다. 모든 논문은 수정하면 게재가 가능하다. 물론 수정을 할 부분이 많다면 충분히 수정할 기회를 주고 재심사를 하는 것이 투고자에게 용기를 주는 행위가 된다. 기회도 없이 일방적으로 게재를 불가 시키는 행위는 이해가 되지 않는다.

한 예로 후배의 얘기를 해야 할 것 같다. 후배는 어느 학회지에 오병수박희(五兵手博戱)에 관한 논문을 투고하였다. 그 당시 체육사학계는 오병수박희 논쟁 중에 있었다. 오병수박희는 태권도의 단체전에 해당하는 고려시대의 수박이라고 주장하는 견해와 1대 5의 승발시험이라고 주장하는 견해가 대립되어 논쟁 중에 있었다. 그러한 상황에서 후배는 기존의 주장들을 비판하고 새로운 주장을 제시한 내용의 논문을 투고하였다. 심사자들은 오병수박희 논쟁의 당사자들이었다. 심사결과는 당연히 게재불가였다. 그 이유는 자신들의 주장을 반대하고 비판했다는 것이다. 왜 다른 주장을 수용하지 못하는 걸까. 다른 주장을 받아들이면, 자신의 주장이 거짓이 될 수 있다는 생각에 게재를 못 하게 하는 것으로 볼 수밖에 없다.

지금과 같은 심사결과를 접하게 되면 자못 부끄럽다. 같은 분야에서 연구를 하고 있다는 것에 대하여 회의를 줄 수 있다. 새로운 주장은 과연 위험한 생각인가. 그렇다면 논문을 통해서 비판하면 된다. 논문은 어떤 입장만을 대변하는 것이 아니라 다양하게 의견을 펼칠 수 있어야 한다. 자신의 생각은 옳고 다른 사람의 생각은 틀렸다는 생각은 독단이고 학문하는 자세가 아니다. 적어도 열린 생각이 학문하는 사람에게 필요하다. 다양한 입장을 수용할 수 있는 태도가 있다면 문제가 되지 않는다. 생각의 차이는 늘 있을 수 밖에 없다. 선입견과 자기 고집에서 벗어나는 길이 학문하는 자세다.

체육철학이나 체육사는 체육학의 다른 분과학문보다 더 자유로운 의견을 펼칠 수 있어야 한다. 그럼에도 불구하고 다른 분과보다 더 폐쇄적이다. 무엇보다도 연구자 간의 관점의 차이를 인정할 수 있는 분위기가 형성되어야 한다. 그래야 논의의 장이 풍성해진다. 심사자의 관점만을 강조하다 보면 얻는 것이 있겠지만 잃는 것 또한 있다. 폐쇄적인 사고가 남아있는 한 학문적 성취와 발전을 기대하기는 어렵다.

<용인대학교 무도연구소지, 제24집 2호, 2013. 12.>

17장

희망을 주는 심사, 절망을 주는 심사

1

학자는 연구한 결과를 논문형식의 글로 발표한다. 논문형식에 맞게 작성된 글을 우리는 연구논문이라고 한다. 하나의 연구논문이 학회지에 게재되는 과정은 투고와 심사단계를 거친다. 과거에는 투고하면 게재하는 데 크게 어려움이 없었다. 하지만 최근에는 한국연구재단이 등재(후보)지를 구분하여 학회지의 질을 관리하고 있어서 과거보다는 게재하기가 까다롭고 어렵게 되었다. 왜냐하면 익명을 요구하는 심사단계에서 거부될(게재불가) 수 있기 때문이다.

학회지의 질을 학계 자체가 관리하지 못하니까 국가가 나서서 학회지를 관리하는 꼴이 되었다. 알아서 잘 관리했다면 지금과 같이 국가 차원에서 관리를 받지 않았을 것이다. 우후죽순으로 발행되는 학회지가 그만큼 많다는 것을 의미한다. 그동안 학회지들이 질보다 양에 집중했기 때문에 나타난 결과이다. 투고된 논문 중에서 50% 이하로 투고율을 맞추기 위해 게재불가가 되는 경우가 생겨났다.

2

논문심사는 크게 투고자에게 희망을 주는 심사와 절망을 주는 심사로 구분할 수 있다. 이렇게 양분하는 이유가 분명한 목적의 차이가 있기 때문이다. 만약 투고한 논문이 아무런 이유 없이 게재불가로 판정을 받게 되면, 투고자는 절망으로 치닫게 된다. 반면에 희망을 주는 심사는 부정적 표현보다는 긍정적 표현으로 심사를 하고, 투고자를 존중하는 입장에서 논문이 더 완성된 논문으로 수정되기를 바라는 마음을 담는다. 도움을 주려는 심사서는 투고자에게 희망을 주게 된다. 같은 심사서라도 극명한 차이가 날 수밖에 없다. 어떤 심사는 희망을 주고, 어떤 심사는 절망을 준다는 것이다. 게재불가를 받아도 기분이 좋은 경우가 있다. 그것은 희망을 발견할 수가 있기 때문이다.

연구논문을 처음으로 작성하는 사람에게 필요한 것은 논문에 대한 상세한 지도이다. 운동선수가 코치의 도움을 받아 운동연습을 하는 것과 같은 이치다. 연구논문도 지도교수의 지도를 받아서 작성하는 것과 같다. 어떤 코치의 지도를 받느냐에 따라서 차이가 나는 것과 같이 논문도 누구로부터 지도를 받았느냐에 따라서도 차이가 날 수 있다.

지도는 발전을 위한 한 과정이다. 논문심사 역

시 익명이지만 도움을 필요로 하는 사람들에게 도움을 주는 과정이다. 투고자가 보지 못하는 부분을 심사자가 지적해 준다면 그 논문은 수정을 통해서 이전과 다른 완성된 논문으로 다시 태어나게 된다. 그렇기 때문에 심사는 대충하는 것이 아니라 치밀하고 정확해야 한다. 그래야 도움을 줄 수 있는 심사가 된다.

어떻게 하면 좋은 심사를 할 수 있을까? 심사자는 늘 고민하게 된다. 어떻게 하면 투고자에게 도움을 줄 수 있을까, 생각하고 심사를 한다면 좋은 논문심사가 될 가능성이 높다. 하지만 심사하기 전에 먼저 판정을 해놓고 심사를 한다든지, 아니면 읽지도 않고 심사를 하게 되면 문제가 발생할 수 있다. 만약 게재불가를 전제하고 심사를 하게 되면 그것은 게재불가를 위한 심사가 되고 만다.

심사는 있는 그대로 하면 큰 문제가 발생하지 않는데 여러 가지 이해관계가 작동하기 때문에 문제가 발생한다. 또한 지인의 논문의 경우 논문 심사를 하지 않는 것이 좋다. 선입견이 작용하여 심사가 진행될 때 공정한 심사가 되기 어렵기 때문이다. 심사의 생명은 공정성 확보이다. 공정하고 투명한 심사를 통해서 완성된 논문과 학문적 성과를 드러내는 논문이 탄생한다. 그렇다면 희망을 주는 심사와 절망을 주는 심사를 구분하여 살펴보자.

희망을 주는 심사는 다음과 같은 내용을 담고 있다. 긍정적 표현을 사용한다. 존칭을 쓴다. 구체적으로 문제와 수정사항을 알려준다. 상세한 설명과 친절한 안내를 한다. 오탈자를 상세하게 알려준다. 완성된 논문을 위한 연구에 도움이 되는 자료를 알려준다. 충분히 수정할 기회를 주어 재심사를 받도록 한다. 논문을 여러 번 읽어보고 이해한 상태에서 심사를 한다. 관점의 차이를 인정하고, 장점과 단점을 구분하여 알려준다.

절망을 주는 심사서는 다음과 같다. 전체가 부

정적 표현만을 사용한다. 존칭을 사용하지 않고
가르치는 어투를 사용한다. 근거 없이 게재를 불
가 한다. 상세하지 않고 불친절하다. 투고자를
무시하고 권위를 드러낸다. 자신의 논문을 참고
문헌으로 인용하도록 강요한다. 투고자를 무시하
거나 비하하는 어투로 표현한다. 논문을 읽어보
지 않고도 게재불가를 전제하고 심사한다. 단지
생각이 다르다고 게재불가를 한다.

③

요약하면, 심사를 할 때는 적어도 심사자가 갖
추어야 할 마음의 태도가 중요하다. 공정하고 객
관적이어야 하며 도움을 줄 수 있는 심사가 진
행되어야 한다. 논문의 질은 학회지의 질이고,
학회지의 질은 학문의 성과를 말한다. 투고자와
심사자 모두가 동업자라는 생각으로 더 완성된
논문을 위한 노력이 필요하다. 논문심사를 어떻
게 하느냐에 따라서 학회지의 질이 결정되고, 함

께 공생할 수도 있으며, 나아가 투고자들에게 희
망을 줄 수 있다.

<용인대학교 무도연구소지, 제24집 2호, 2013. 12.>

■ 참고문헌

심의용 역(2011). 『장자교양 강의』. 서울: 돌베게.

김성환(2013). 『장자, 자유와 놀이의 철학자』. 제15회 한국스포츠인류학회 학술대회.

김정효(2013). 『스포츠윤리 담론의 한계와 과제에 대한 고찰』. 움직임의 철학: 한국체육철학회지. 21 (1).

이재황 역(2002). 『선과 악: 그 하나의 뿌리를 찾아서』. 서울: 이끌리오.

이학준(2013). 『스포츠 삶을 바꾸다』. 서울: 시간의물레.

이학준(2013). 『장자의 철학과 체육의 문제』. 서울: 북스힐.

이충진. 싸움은 인문학의 숙명 … 학계 조용하면 현실에서 싸움인다. (교수신문, 2013. 8. 26)

천상명(1984). 『천상명은 천상 시인이다』. 서울: 답게.

최재천·주일우(2007). 『지식의 통섭』. 서울: 이름.

◢ 저자 **이학준**

현) 한국스포츠 인류학회 회장
한림대 철학과 졸업, 고려대대학원 체육학과 석사 및 박사,
한림대 한림철학교육연구소 연구조교수

〈저서〉
스포츠와 행복(2002), 스포츠의 사회윤리(2003), 운동선수, 그
들만의 고민(2004), 스포츠 속으로(2004), 영화로 읽는 스포
츠(2005), 키워드로 읽는 스포츠(2007), 장자와 하이데거, 스
포츠를 말하다(2008), 인문체육학의 시선(2009), 대한민국 학
생선수를 생각한다(2010), 운동의 인문학적 사유(2010), 체육
공부, 사람됨을 향한 몸부림(2011), 스포츠로 세상읽기(증보3
판)(2012), 체육학 글쓰기(2판): 체육논리 및 논술수업(2012),
장자의 철학과 체육의 문제(2013), 스포츠 삶을 바꾸다(2013)

〈공저〉
스포츠의 철학적 이해(1999), 스포츠사회철학 담론(2001), 스
포츠반문화(2005), 스포츠인문학: 새로운 도전과 길 찾기
(2008), 역사로 읽는 스포츠(2008), 체육인문학의 창(2009), 이
진수 선생의 학문세계를 탐하다(2010), 스포츠인류학(2012),
웰빙과 운동의 이해(2013)

〈공역〉
스포츠철학(2006)

성찰하는 스포츠

초판 인쇄　2014년 3월 10일
초판발행　2014년 3월 18일
저　　자　이 학 준
발 행 인　권 호 순
발 행 처　시간의물레
등　　록　2002년 12월 9일
등록번호　제1-3148호
주　　소　서울시 마포구 마포대로 4다길 3(1층)
전　　화　02-3273-3867, 070-8808-3867
팩　　스　02-3273-3868
전자우편　timeofr@naver.com
I S B N　978-89-6511-088-0 (93690)
정　　가　10,000원